百夜印度

百頁靈魂

最真實的獨白

文・攝影◆Darren

推薦序

二〇一五年盛夏，我踏上未知的領域，去到一個在臺灣新聞中負面報導不勝枚舉的國家—印度。當時曾一股腦兒地構圖著，這兩個月的旅途會是怎麼樣？其實心中也有些擔憂是不是曾聽過看見過的事件會發生在自己周遭？甚至身旁的家人朋友也幾乎滿臉擔憂的一再勸退，直到出發前其中一個友人告訴我，什麼也別想、什麼也別期待，就出發吧，就去感受吧，掏空自己才能獲得更多，當然ps還是不忘加上「注意安全」。

就這樣，說是做足準備，其實我還真沒準備什麼地就踏上了這個國家，短短兩個月，在印度的一切時不時衝擊我的感受，當然出發前腦中所構圖的劇本幾乎都沒發生，是萬幸也是有點小不幸，因為印度的一切都會讓人出乎意料之外。

一到德里機場，就先遇到遲到三小時的巴士，半夜一點，燈光有些調暗的機場以及其他印度人的眼光使我有些不安，幸虧遇上一位在香港工作放假回鄉且剛好同路的印度人，他提醒我出了機場跟著他走近一點，當時我傻里傻氣的搞不清楚狀況，但一出機場的世界的確震撼了我，沒有特別鋪柏油的石子路，以及滿滿遊民彷彿列隊的注目禮，那位先生好心地再次提醒我，一切要小心、尤其關於錢的事情。當下忍不住一個念頭，我到底是來到了什麼樣的國度？

之後正式開始志工的專案以及假日的旅行，讓我從不同細節好好感受這個國家的溫度。因為手機網路辦卡的效率，我在前一個月幾乎是仰賴當地認識的夥伴的熱點分享，也因如此，有足夠時間好好地把這些風景映入眼簾也收進心底。有煙霧瀰漫的夕陽，以及無所不在的垃圾，每天充斥狂妄喇叭聲的馬路，以及各種馬車、人力車、腳踏車、嘟嘟車、重機、轎車等壅塞到不行的交通，無時無刻以你為中心飛舞的蒼蠅。剛開始腦中會告訴你這個味道、這個噪音的壓迫，但一段時間後，融入了他們的怡然，甚至一向倚賴 Google map 的我，也因為沒有門牌而學習在相似的建築物中找到回家的路。有人說，旅途中最美的風景是人，在印度，你的確會遇上刻意喊高價的人力車或是嘟嘟車司機，也會遇上硬要幫你拿行李最後還要跟你要錢的騙子；然而也有蜂擁而上想跟你拍照聊天的人、不同信仰但同樣敬虔敬拜神明的信徒、或是在擁擠的火車以及在蜿蜒的山路上，與你分享座位的好心人。更別說那些美麗的建築和壯麗的山谷，當你坐著長途且真是顛簸、擁擠的交通工具到達旅遊書上每一個歷史、歲月所建造的宏偉，所有感觸澆灌在靈魂中的絕對是震撼和感謝，那是很難用文字形容的五味雜成。

多麼矛盾卻又可愛啊，這個國家，所到之處看見的都是真。

筆者和本書作者 Darren 也是在這趟旅途中一起做志工和旅行的夥伴，猶記我們赤腳踩在黃金廟因為日曬而滾燙的石子路、以及追著日出，透出微微橙色的泰姬瑪哈陵、還有在印巴交界上看完閱兵，隨著音樂起舞的我們、當然還有在育幼院和小朋友一起在傾盆大雨中跳舞，我們事後想起來，在印度淋雨的次數是此生目前最高，而且特別樂在其中。太多好的、意外的都感受著，但比起耳朵聽說的，我們是用自己的眼睛和生命在經歷著，之前看過一篇文章說：「討厭印度的，一刻都不想停留，而喜歡印度且能踏上印度的，必定是印度所選之人。」好慶幸我們都屬於後者。

Darren 在書中說到，他信仰旅行，因為它的廣度會打破你的疆界。

從我們回來後不停的透過文字、照片和故事不斷更迭，我看見他血液中的熱度，總在這些細微之處沸騰著，他所挖掘的，絕對不只是壯闊的風景、也不只是擦身而過的旅人，而是靈魂，是信仰紮根在靈魂深處的活著。

蘇育惟／演員

作者序

「寫書」從來就不在我的人生清單當中，就跟去印度一樣。

我還記得大一下學期時，想著要去做國際志工，想去一個根本沒人聽過的地方做志工，所以我開始搜尋非洲的國家，但後來意識到與家人的溝通（革命）成本過高，所以選擇了印度，一個大家聽過卻不太會形容的國家。

在那之後的兩年時間裡，我愛上了印度，幾乎是瘋狂的愛上，我到書店看了所有關於印度的書，在路上只要聽到印度話，我總是會靠過去多聽一句。印度在那年暑假給了我很多東西，不只是回憶，更多的是關於人生酸甜苦辣的模樣。

所以我拿出青春裡的一個夏天當賭注，賭一個能扭轉印度刻板印象的夢，揹起背包再度上路，回到印度完成當初沒蒐集完的一百個故事。我在印度的最後一週，遇上了嚴重的動亂，我沒有深陷在動亂發生的城市中，但卻被政府實施的交通管制嚴重影響到移動的自由，還有那不定時的宵禁讓我進退兩難，我在思考如何移動到下個城市好搭上回到臺灣的飛機外，也不斷評估如何趕上計畫進度的落後，最後我趕上了飛機，帶著重感冒的自己和八十六個故事慌亂地回到臺灣。

這八十六位受訪人物裡，有些我們只有一面之緣，像火車隔壁的乘客、餐廳同桌的客人，有些我們相處了幾天，像路上結交的旅伴、旅店的老闆。因此，我從中選取了三十二位與我有過完整對話的人們，我們在過去的人生中交換彼此的故事，我們交心也交流，我把與他們的相遇所擦出的電光石火，收斂成文字，希望這些火花能像燈塔般的指引著某些人生時分的我們，也希望透過他們在印度的生活體驗，讓我們重新認識印度的樣子。

書裡的內容不代表是印度的全貌，但卻是印度一部分真實存在的模樣。

目錄 contents

篇一

百夜前夕

預期的瓶頸

質疑的決心

還記得那時我剛上大學，初次吸到自由的空氣，在一次出發去印度做志工前，周遭親友的反應讓我有些困惑，我不禁思考，如果今天將目的地換成歐美國家，那些社會認同的高度發展國家，周遭的質疑是不是就不會出現，於是我想做一件事，不是更換目的地，也不是取消機票，而是想讓在臺灣的大家，透過當地的聲音，重新歸零的認識印度，這個可愛可恨卻一言難盡的國家。

當時的我認為，分享自己在當地旅行後的心得，大概沒人要聽，即使認真聽完，隔天看到媒體報導印度強暴案，依舊認為這才是印度的全貌，所以我決定讓開口說故事的人，換成在當地生活的印度人，還有那些在印度，揹著背包旅行的人，讓這最直接的聲音，透過紀錄，真實呈現。

呈現當地最真實最直接的聲音

第一次從印度回來後，因為在當地大多的時間都在從事志工工作，所以蒐集到的樣本不如預期，於是我開始計畫著第二次的出發，在兩年緊密的開源節流間，我將第一次蒐集的結果與一些網路平台合作，縱使效果有限但還是很感謝那個被認可的回饋，在那之後我存到了預期的旅費，也面臨了申請實習的兩難。

周圍的環境開始充斥著實習的話題，暑假前也拿到幾間理想公司的面試機會，縱使再怎麼我行我素，環境的議論終究產生了拉扯，於是我將印度與實習放上了天秤，兩側都是理想，同時也是現實；一邊是現實驅動的理想，一邊是理想驅動的現實，選擇哪端都會產生遺憾。投資報酬的速度一定是實習較快，這是理性的分析；路途中所吸收的人生養分一定是印度較多，這是感性的分析，我再次站在交叉口，在眾多的理性建議與不斷的內心劇場之間，我再次選擇那離經叛道的方向，朝家鄉以西，帶著有點重的機會成本飛行 4,000 公里。

到了印度，在頭幾天與香港朋友見面後，我開始繼續有計畫地蒐集故事，沒計畫的在城市間穿梭，我花了大半的時間待在青年旅館的交誼廳，或者人們會坐下來聊天的空間，偶爾跑去當地想去的景點。我在每一次的搭話聊天，放上不同以往的專注與觀察，一字一句我使用的小心謹慎，卻表現的隨興自由，我不是一個喜歡在陌生環境，不斷找人搭話的人，但既然出發了，就硬著臉皮向前一句「How are you?」。

獨自演出

硬著頭皮

大吃慶祝

「時間的壓力」在旅程初期只以臨演的方式登場，我在某些時分記得它的存在，然後無意識地讓它下臺；在旅程中期它以配角的方式出現，幾次登場我開始注意到它的存在，也因為它的固定登場，成為我每天意識裡的一部分；在旅程的後期它成為了主角，活出了我的意識，在每一次的呼吸，我都能感受到它的存在，在好幾次的評估與假設下，計畫完成的畫面不斷出現在腦海裡，一開始是激勵，但到後期是麻痺，陪伴我的還是那如同呼吸般的壓力。

旅程的最後一天我揹著同樣的行李，帶著大病未癒的身體還有未完成的計畫，飛到新加坡休息，在二十小時內調適好身體，也調整好心情後，上了另一班飛機，回家。

就算在出發前的說明多麼完整，回來後大家還是一樣劈頭就問「好玩嗎？」，如果將我過去的一個半月濃縮成兩個小時的影片，大家或許會重新思考脫口的問題，當然這只是空談，我無意怪罪，只是多了些無力感。藝術家是孤獨的，實現理想路上的人們也是，但幾個月後的現在，逐漸發現，我們花了很多時間在追逐理想的同時，我們花了更多的時間想得到歡呼與掌聲，但現實就是，你沒有上臺演出，劇本寫得再好，也只能自我安慰，或許你的劇本夠好，那就開始用盡畢生的執著與勇氣去排練，到演出的那天，帶著普通的心情上臺，在這場只有自己演出的表演毫無保留的綻放。鞠躬謝幕的那刻，或許會有如雷的掌聲與滿場的歡呼，也或許只有滿場的空蕩與絕對的靜謐，我們依然將彎下去的背脊再次挺起，華麗的轉身離場，去高級餐廳大吃一頓，或者去熟悉的麵攤，將所有小菜都切上一盤，慶祝演出成功。

這場演出的成功不在那些歡呼掌聲，而是在鞠躬時那地心引力作用而滴下的汗水，汗水的鹹，是追逐理想時沒人能懂的孤獨；滴下的瞬間，就代表著我們對的起上臺前的自己，完成了對自己的承諾。別人的讚美或批評，我們可以拿起但要放下，這樣才有空手，可以舉起酒杯，暢快的乾杯。

暢快乾杯

篇二

百夜印度

Jaisalmer 黃城

青澀百夜

1 Jaisalmer—華麗的跌倒後學會保護自己

與香港朋友 Timo 狼狽地在雨中趕上了巴士，經過十二個小時不太平靜的移動，我們到了 Jaisalmer，毫無準備的我們，只揹著行李帶著一睹沙漠那滿天星星的衝動來到此地，我想這是屬於擁有契合旅伴的浪漫，沒有任何的規劃，甚至沒有目的地也不是什麼問題，只要確定上路時隔壁坐的是旅伴就好，其他的一切就交給命運去帶領。

下了巴士，在同車的德國旅客邀請下，我們坐上他們事先「研究」好的旅店接駁車，到了旅店後，加上我們共九個人，上了天台準備與老闆來一場廝殺，雖然知道我們注定是無法勝利的那方，但能少幾張被收走的鈔票，是其中一種能提升旅人心情最快的方式。中午簡單吃過午餐後，我們原班人馬上了吉普車，帶著各自的期待，前往沙漠，過著一夜，簡單生活。

炙熱與荒涼是從車窗看見的唯一風景，廣大的沙漠，九個人塞在同一個空間移動著，滄海一粟用在人的身上原來是這種感覺，周圍的荒涼讓我有些緊張，視線範圍內的畫面不斷重複，如果車子就此拋錨，我該走多遠才能回家。

遇上了最不想遇到的

司機在途中帶我們到一處歷史遺跡走走，說穿了就是一地的斷臂殘骸，配上英文不是很通的解說員，或許真有其事也或許只是拿來販賣門票營利用的複製品，大夥討論著直到上車離開，過了一會，到了沙漠某處，司機停下了車，不知從哪裡冒出的數隻駱駝與牽領牠們的駝夫往我們靠近，正當我們下車準備騎上駱駝轉換移動方式之際，雨滴意外的落了下來，不過幾秒，雨滴無情的變成暴雨，大夥只好躲進車內避避雨，剛把駱駝牽來的先生也自顧的躲雨去，看著窗外下的雨，我知道這對當地是再好不過的一個禮物，但對在這短暫停留的我們，無非是一場無可改變的命運，我們只能祈求這是一場午後雷陣雨，兩小時過去，雨勢似乎沒有減小的意願，司機與飯店通了電話後，現場宣判了我們必須打道回府的結果。

司機發動引擎，放開離合器踩下油門時，輪子卻在原地空轉，大家只好連忙下車幫忙挖出輪胎周圍沾滿雨水的沙，好讓車子脫困，站在車外才發現，外頭的雨被狂風打在身上的不適，駝夫必須在這樣的環境下牽著駱駝走上不知多少公里的路程回家。回到我們生長的世界，生存的社會，我們常常認為自己能夠體會對方的感受、體會某個開發中國家的貧困生活、體會某個少數民族延續傳統的困難，然後丟出一句「我能夠感同身受」，以展示自己高尚的同理心情操，這諷刺的程度就像Jaisalmer夏日的炙熱程度，不管時間如何推移都令人難以接受，那些人真正感同身受的不過是從自身角度出發的想像而已，現實往往以另一種固定的角度豎立在那，繼續等待人們發現。

拍完照後越下越大的雨

Timo 與黃城

回程的路上大家全身都濕的澈底，誰都沒想到會在沙漠裡淋上一場暴雨，失望、憤怒、落寞、疲倦流動在回程時車內的空氣，至於車外依舊是那殘酷的暴雨，我不太喜歡下雨，尤其在印度，因為排水系統很常鬧彆扭，馬路成河，所有的垃圾、排遺全都上了街頭以一種最親近皮膚之姿跟大家見面，回到鎮上，路面的積水早已在那等著我們，下了車我才真正意識到無法在沙漠過夜的事實，大家回到房間輪流盥洗後，一一到樓下跟老闆商量退款和延期的事，這又是另一場廝殺，只不過這次我們居上風，拿回接近全額的退款。

跌倒

礙於時間的關係，我們沒能多待幾天，完成當時來到這裡的衝動，這種情況很常在旅行時發生，可大可小，有時讓你不知所措，有時讓你原地嘆息，同樣的場景也發生在人生的許多時候，我們拚了老命，盡了全力，結果不是不如預期就是爛的可以，可以自責可以難過，但鼻涕擤完眼淚擦乾，記得帶上更好的自己，活在全新的明天裡，你可以為遺憾難過幾秒，但不能為後悔哀悼任何一秒，有時候重點從來就不是你那汲汲營營的結果，而是讓你跌倒的過程，因為唯有這樣，才懂得在下次跌倒時保護自己。

藍城之美

2 Jodhpur—爺爺與金頂電池

我與 Timo 從 Jaisalmer 上了開往 Jodhpur 的巴士，強迫結束我們沙漠之行的大雨，在我們離開之際仍持續的下，越下越大，我與 Timo 倒也沒什麼感傷可惜之感。印度的巴士，音樂總是要播到讓最後一排乘客聽得一清二楚，始終聽不慣印度歌的我們，在車內的座位用著藍芽喇叭，一首一首的中文歌播著，大聲唱著喜歡的中文歌，度過那漫長的公路旅行，那是我在印度最快樂的一次移動。

重訪約定

這次與 Timo 重回 Jodhpur，除了帶他去我在印度最愛的古堡，我還想去見一位爺爺，兩年前邀我坐在他家們口休息聊天的爺爺，我告訴他下次回來印度時，一定會來找他。巴士在傍晚抵達，吃完晚餐在青年旅館 check in 後，我們匆匆睡去，我等不及在陽光的陪伴下，重新擁抱藍城的美好。

隔天我們從舊城區走去位在山頂的古堡，那是一段很舒服的步行，沿途穿越小巷，經過無數人家的門口，最後抵達山頂，無論是從古堡往下俯瞰整片藍色的舊城區，或是從山下往上看整座古堡，都是一種視覺上無法言喻的享受，在古堡晃了一段時間後，我們沿路折返下山，我在心裡期待著與爺爺的相見。

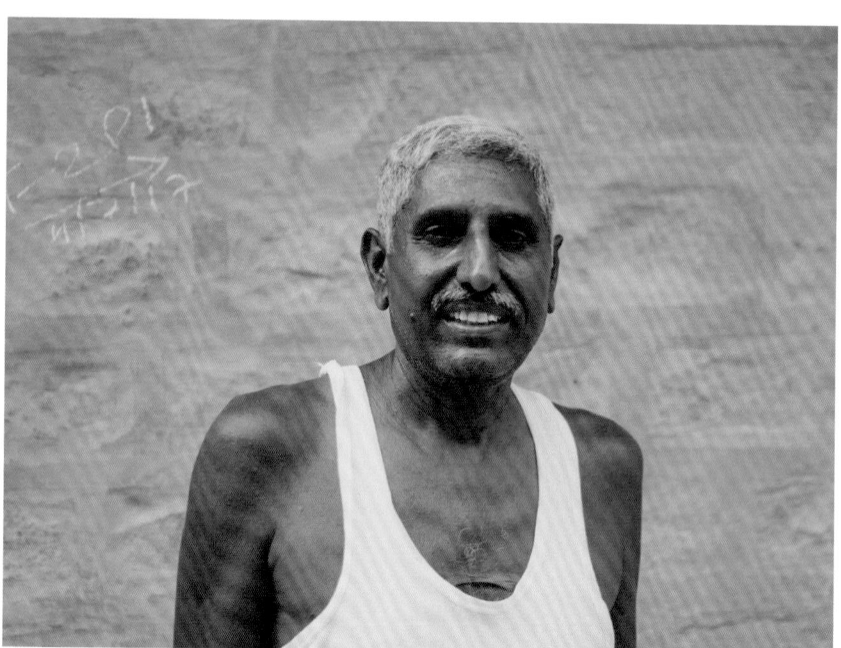

好久不見的爺爺

爺爺的孫子

一段不期而遇

兩年前，我獨自走在同一條路上，從山頂漫步到火車站，準備回到新德里，從山頂走下沒多久，就會開始看到漆成藍色的民房，我在遠處看到一位老先生坐在一棟民房的門口，經過他時，他把我叫住，問我能否陪他坐上一會聊天，我不太記得聊天的內容，我只記得我們聊得很盡興，在離開前他問我身上有沒有代表臺灣的東西，可以給他當作認識第一位臺灣人的紀念，我翻了背包卻找不太到任何能夠代表臺灣的東西，於是我掏出臺灣的硬幣想給他作紀念，但他卻婉拒不想占我便宜，最後他看到了我背包裡的一顆金頂電池，問好能否讓他用這顆電池紀念我們的相遇，給了電池後我們相互擁抱，道上一聲不知道會不會後會有期的祝福。

我循著清晰到不行的記憶走到爺爺家的門口，不見坐在門口的爺爺，卻看到兩個不怕生的小男孩在門前追逐，我向他們詢問爺爺是否在家，他們倆似懂非懂的跑進家裡喊著，似乎在叫大人出來，一位印度婦女下樓，可能是孩子的母親，我表示與爺爺有過一面之緣，想與他見上一面，她跟我說爺爺在鄰居家聊天，便差使剛剛那兩個小男孩去鄰居家把爺爺帶回，Timo 替我去雜貨店買了幾罐飲料與糖果，等會可以與他們分享。不一會爺爺出現在門口，見到我沒有任何的遲疑，喊了一聲「My friend」後給了我一個最真誠的擁抱，兩年的時間全被壓縮成那個擁抱的瞬間，那個在真實與不真實間轉換的瞬間，原來在緣分裡的舊地重遊是這種感覺，好暖，好珍惜。

我們在他家的客廳席地而坐，爺爺不斷的跟家裡所有的人重複介紹我是他的朋友，一個非常好的朋友來自臺灣。我跟爺爺還是一樣隨意的聊天，更新彼此的近況，分享著我這次在印度看到的風景，遇到的事，然後在爺爺家的門口拍了幾張合照，送上一顆附有手電筒的行動電源與一張代表臺灣的明信片，在孩童的嬉笑中與爺爺擁抱道別。爺爺不斷說著下次到訪時一定要到他家住上幾天，讓他招待，我口頭上不斷答應，但在心裡卻非常清楚，下次的拜訪可能更遙遙無期，這次見面後，不像學生時期有說走就走的暑假，我不奢求爺爺下次的招待，只在心中默默的希望他能夠保重身體，事事順心，讓我們下次見面時，一樣能夠拿起裝滿可樂的杯子，微笑對望，然後喝下一口緣分的祝福。

或許以後我會忘記 Jodhpur 古堡的樣子，會忘記那美味程度與價錢成反比的羊小排，會忘記那搭了二十四小時火車所換來的一場印度婚禮派對；但我絕對不會忘記在這世界三大藍城之一的 Jodhpur，住著一位喜歡喝汽水的爺爺，住著一位跟我要了顆金頂電池，只為紀念他認識的第一位臺灣朋友的爺爺。

Chapter 2

擁擠百夜

1 Mumbai——一睹擁擠的浪漫

經過了800公里的火車移動，終於來到孟買，鐵窗外的場景從灰濛雨景換成大廈高樓，這是一座印度年輕人都想來追尋夢想的城市，我不是印度人，也不是為了追尋夢想來到這裡。至於來孟買的原因，我無法給出一個具體答案，如果真的要說，那就是路上遇到的人，他們的慫恿：我聽說很多印度新興藝術家都住在這、這裡的海鮮很好吃、酷玩樂團來這拍MV、這裡比德里還要擁擠、我聽說這是個浪漫的城市；於是我買了張車票前往，一睹擁擠的浪漫。

孟買跟紐約有幾分相近，雖然我沒去過紐約，但從書籍電影中多多少少能知道它的魔力，或許哪天走在紐約的街頭，發現了它的無人能比，我會用文字還它個公道。比起德里的現代化，孟買多了一點對於生活品味的執著，整潔的街道市容、藝術家改造的嘟嘟車內裝，這也是我從朋友口中得知的孟買日常。為了追尋這樣的印度反差，我選擇了十五個小時的移動，對於在時間上受限的背包客，對時間的錙銖必較程度就跟股票交易員一樣，只不過我們的機會成本不會是丟了工作，而是少了份視覺的探索，或者與一期一會的旅人面對面的一段對話。

讓人迷失的火車月臺

孟買紐約

火車緩慢駛進 Bandra Terminus 車站的月臺停靠，還沒完全停下我就揹著兩個月的人生行囊跳下火車，印度的火車站再次讓我花了點時間才理出方向的頭緒，出了火車站一樣沒變的是那些上前搭訕的嘟嘟車司機們，我看了一下 Google map 上未來四天在孟買棲身的紅色座標，三公里的距離剛好達到我在印度帶著全身行李單趟步行的臨界值。在印度，每個火車站都是一趟旅程的起點與終點，而徒步一直是我喜歡離開起點開始延伸的方式，不管前方的揹客有多麼地想百般阻撓，都換不到我一次的動搖，「用來拒絕的自信」是我在印度學到的其中一課，而孟買的怡人就從我拒絕了揹客們開始。

一期一會的對話

孟買沙灘

孟買 Marine Drive 的情侶

海島的夏天

在孟買待的幾天，白天偶爾去海邊散步，大海的遼闊讓每個人都前來於此，不管貧窮或富有，大家在這擁有的是同等的沁涼，同等的快樂，海堤上有朋友在聊天，有情侶在接吻，臺灣的夏天這裡也正上映著，微風從海上吹來，孟買的海水帶點鄉愁，我想起那出生的海島以及那兒的人們。

CST 車站月臺

在孟買待的幾天，下午我會跑到 CST 火車站，喜歡各種交通工具的我，會在月臺上徘徊看著一輛輛停在終點站的火車，它們的外型與連結的火車頭，多數時候，站在印度的火車月臺上，沒有閒情與逸致仔細觀察我想看的車殼細節，我都是那趕路的人群，在急促的時間裡找到車殼外的車次名牌，然後上車，這次前來 CST 車站，算是解了某種癮頭。

矛盾

Santa Cruz 車站外賣的麵包夾蔥蛋，是孟買夜晚開始的最佳選擇，我總是買上一份後站在攤販旁享受，在食物送進嘴裡的同時，能親眼見證這美味的誕生，不管它是不是造成我天天腹瀉的原因，一旦食慾被開啟，只能與潛意識妥協，告訴老闆再來一份。吃完麵包我會隨意選擇一家餐廳，坐定後點了跟隔壁桌一樣的咖哩，至於好不好吃不重要，因為我需要它的飽足感，好讓我回到青年旅館時，能跟室友們一起去巷口的串燒店，點上幾份烤肉串，那時候的美味，是無添加的單純，沒有飢餓感的參與，眼前的肉串需要應付的是人類極其難搞的味蕾，好吃與否，一翻兩瞪眼。

對於孟買，我沒有太多深刻的畫面，在那停留的一百多個小時裡，總是讓我有在家的感覺，那種感覺不是很具體，但那個家卻很熟悉，是臺灣，是那個井然有序的地方，是那個覺得盯著人看沒有禮貌的地方，是那個街頭小吃夜晚才出現的地方。在外旅行時，總是很容易想家，可能在某個轉角的商店，就想起家裡隔壁巷子最常去的麵店；可能在某個回頭一瞥，就想起那最想見的人，我們離家旅行，然後想念回家的路，我們回家生活，然後想念離家的自己，矛盾嗎？一點也不，不然人們為何總在失去後才開始珍惜。

擁擠的浪漫

走回青年旅館的路上

2 Varanasi—河面以下信仰以上

聖城印象

無止盡的髒亂與數不盡的乞丐、每個轉角都會遇到抬往焚燒的屍體、有條沒去過印度都叫得出來名字的河，這是每個人對 Varanasi 的印象，也是我踏上開往 Varanasi 火車時的想像，那是個捨不得道別的夏日午後。

時針轉動三十圈來換取 1,500 公里的身體移動，從 Mumbai 前往 Varanasi，從最現代化的大城到最宗教化的聖城，窗外的人們時而撐傘時而揮扇，這種跨氣候的移動對身在島國的我還有點不適應，至於我在窗內的生活算是種逐水草而居的型態。

在 Mumbai 的那天，覺得差不多該離開時用了手機看了後天的火車票，發現沒座位的我也不怎麼慌張，由於印度火車在出發的前一天會開始販賣被取消預定的座位，但不是所有艙等都有，剛好平常搭的無空調臥鋪有，所以我去了一趟火車站試著買張被取消的朝聖門票，站在當初迎接我抵達的車站大門，看到自己幾天前狼狽地揹著背包找不到出口的影子。

聖城街頭

晃了一下車站發現沒有專門給外國人購票的包廂，想起兩年前也為了買張火車票，在一個小站內與不會英文的售票員溝通了三小時，我慢慢走到一般售票窗口，觀察了一下當地人購票的方式，幾乎人手一張紅色單子在窗口前或插隊或排隊，填妥那如身家調查般的訂票單後我開始排隊。當我看到又有人想插隊在我前面時，我不知哪來的勇氣抓起他的領口拉出隊伍，並面無表情地請他排隊，而排在我後面的印度大哥們也同樣沒好氣地叫他排到後面去。在第三次更改出發時間與抵達的車站後，我終於買到了一張車票，一張前往聖城的候補車票。

踢到鐵板的鐵路移動

這趟鐵路的移動在白天依舊正常，看書、寫字、放空、音樂，不斷循環，過了晚餐時段，考驗隨之而來，這張候補車票的概念就像在臺灣火車的站票，可以不斷的移動到沒有人的座位，只不過我是拖著行囊，移動到下張無人的臥鋪，那個深夜，火車在移動，我也在移動，逐空床而居，直到當初上車的隔壁座大哥收留了我。

睡眠是人類出自生理需求而必須執行的一項活動，當你非常想睡時，分享床位是困難的，特別是當自己都無法得到滿足時，但這位大哥在凌晨三點卻願意把身子往內擠，在非常有限的空間裡，跟我分享他的床位，我當然沒有直接躺下去，不是出自恐懼，而是再怎麼疲累，我都要珍惜，珍惜一個得來不易的乘坐空間，躺平睡覺不再是我當時所奢求的，我坐在他腳邊偎著牆壁，再次相信人類的善良，是最美的分享。

夜晚的臥舖車廂

我在 Varanasi 的第一晚過的不是很好，甚至掉了幾滴許久不見的眼淚，直到我慢慢理出那低潮的頭緒，大概是習慣了與人對話的日子，那種能用共同語言互相對話的日子，但在這的第一晚沒有任何背包客也沒有任何對話，預算的緊繃與計畫執行的壓力也幾近達到臨界值，我與想見的人通上了電話，然後，開始想家。直到隔天移動到了一間印度連鎖的青年旅館，熟悉的感覺回來了，「人」是我旅行的目的，地點似乎是個幌子，騙自己出發的幌子。

恆河的日常—晨間沐浴

Varanasi 沒有想像中的複雜也沒有想像中的神聖。或許是第二次來印度，也或許是在抵達前聽過太多的描述所延伸過多的想像，這裡的一切與熟悉的印度城市沒有太大不同，就是多了些來朝聖的觀光客，當地人依舊進行每天的儀式，當然你在這會強烈感受到人們對於信仰的虔誠，會有那強烈的感覺是因為他們為了宗教而做了些你沒看過的事，好比喝下一口恆河的水，我也有過那樣的衝擊，但那畫面早已留在我十八歲時的腦海中，當時在錫克教聖城的一間廟裡，一位身體虛弱的老奶奶聽到祈禱聲響，用那顫抖的雙手撐住身體，慢慢的跪下朝拜，在那之後，我相信宗教最偉大的力量不是拿來替人消災解厄，而是讓年過八十的婆婆也謙卑的生活。

在恆河裡流向永恆

關於信仰

我在 Varanasi 的街邊道路，再次看到對於信仰的純粹，信仰是座讓人不斷輸出「相信」的港口，港口外的海洋，在現代社會中，大多是宗教，所以潛移默化下，信仰與宗教畫上等號，一路上被太多人問過我的信仰，他們總是期望從我口中得到「基督、天主、伊斯蘭或佛教」的回答，但我的答案依舊跟三年前一樣，也依舊讓他們困惑。

我信仰「旅行」，旅行可以是濃縮後的現實生活，它並不總是那麼好玩，它有高低起伏，有時讓你開懷大笑，有時讓你握拳憤怒；旅行也是稀釋後的現實生活，有時讓你如魚得水的活著，有時讓你重獲新生的跑著，喜怒哀樂是信條也是它延伸的廣度，正因為它的廣度，打破了我相信多年的東西，也讓我重新相信一些事情，像人性、像運氣、像人生、像自己。

信仰是個雙面刃，你可以帶著它活著，也可以因為它死去。Varanasi 讓我在時間的更迭中，看到生死之間的那條河流，它毫無保留的流經我的面前，流向它的永恆。

3 New Delhi—人性與遺忘的警覺心

那天早上，我在火車的上層臥鋪醒來，同包廂的三位韓國女生已經整理好行李正襟危坐，第一次來印度的她們，選擇無空調臥鋪這樣經典的車廂，卻未能好好享受印度火車旅行的精髓，反倒神情緊張地左顧右盼。我戴上耳機躺著聽了幾首 The Lumineers 的音樂，再收拾行李坐到下鋪準備下車，對於即將抵達的目的地，我不像那三個韓國女孩的新奇期待，因為，我只是前來見見好久不見的當地朋友，順便褪去旅行一個月的疲憊，就像轉機過境一樣，準備迎接在印度的下一個月。

現代化的外殼

不知道是第幾次從新德里火車站走出，預期中的掮客朝我走來，一樣把我當成初次來訪的菜鳥，我不費唇舌的甩掉他們走進捷運站入口，熟悉的文明感大約維持了一分鐘，在售票窗口前被打回原形，政府似乎急於替首都擺進各式現代的硬體，讓外表看來似乎有些許現代的影子，可惜的是軟體未能同步升級，再漂亮的機殼插上電源後，處理的速度遠比想像中的慢上許多，就像售票窗口前的插隊人群，讓這現代化的地下月臺，顯得有些矛盾。

有些人討厭來到新德里，覺得這裡沒有太多印度該有的樣子，大家前來印度多少都是為了那對比自己國家所產生的反差，希望透過這樣的反差所延伸出的衝擊，在迎接衝擊時能夠打破既有觀點也好，在消化衝擊時能更了解自己也罷，或者單純喜歡這樣的衝擊，讓自己的旅行更顯精彩。或許二十年過後，印度不再保有自己的特色，為了擺脫一些對於發展觀光不太好的臭名，開始慢慢朝現代化城市邁進，掮客不再充斥於各大巴士站或火車站，火車上的乘客不再從車窗丟下垃圾，路上不再有走走停停的牛隻，旅行社人員不再說一套做一套，於是人們繼續尋找下一個印度，下一個能保有一點原始與挑戰的地方。

地鐵月臺

我們所尋找的原始與挑戰

地鐵站外的嘟嘟車

與朋友相見的地鐵出口閘門

二〇一五年分的友誼

這次來到新德里，見了一個想見的朋友，與他碰面幾乎是我踏上前往新德里火車的原因，坐在他家客廳，吃著外送來的奶油雞肉咖哩，配上幾片餅皮還有新鮮洋蔥，時間幾乎回到了兩年前的夏天，坐在印度北方小鎮的某個民房陽臺上，吃著同樣的食物，雖然出自不同餐廳，但味道並無差異。兩年前約定的下次再見，誰也沒想到竟會真的實現，而且還是在這樣的畫面下呈現，從坐進客廳打開咖哩醬的蓋子開始，我們倆就沒什麼談話，看似各自靜靜地吃著東西，其實我們有千言萬語想要說出，但食物道盡了一切，我們靜靜的吃著，也靜靜的聽著，關於兩年來的一切，關於兩年前的一切，在時間的移動下，我們打開了那儲存在空氣中二〇一五年分的回憶，依舊純粹，依舊炎熱，依舊簡單，依舊令人珍惜。

Chapter 3

山間百夜

1 Manali—日常回憶

在德里的Kashmiri gate匆忙的找到我的巴士停靠月臺，與周圍的印度乘客確認後才發現巴士誤點，我慢慢走到旁邊的熟食攤販買了兩顆Samosa（印度咖哩餃），要了兩包番茄醬，在混亂的月臺不疾不徐的擠著紅色醬汁。上了巴士，我在整車的寶萊塢電影中勉強睡去，再次睜眼是清晨六點，巴士徜徉在山間小路，隔壁的大叔依然靠在我的肩上沉睡。十二小時後的現在，我站在Manali的巴士站，迎面而來的仍是那些毅力過人的掮客，與其中一位看似老實的大叔搭上了話，雖然我早已在網路上訂好住處，而Manali原本也只是我在山間旅行的中繼站，不打算長時間停留，但藉著搭話的機會，從大哥口中打聽好前往列城（Leh）需要的所有資訊，一搭一唱的道別後我搭上了嘟嘟車前往我位在舊城的青年旅館。

如家人般的青年旅館員工

　　那是一間蓋在山坡上的四層樓房，與主幹道之間有條小徑相通，門口有隻黑色秋田趴著。第一天吃完晚餐走回青年旅館的路上，心裡想著，或許可以不用那麼急著趕路，稍做停留，創造些際遇。隔天起床看著窗外的天空，我走到了櫃檯延長了四晚的住宿。在Manali的日子，就像在臺灣的生活，沒有太多的新奇事物，卻努力在日復一日的日常生活中，找到那令人興奮的新鮮事物。從原本的過客到駐足停留，從原本的兩天休息到七天生活；而青年旅館到對岸的一間德國麵包店，兩公里的山路，串起了我在那一週的生活。

陪我下山的黑色秋田

山間日常

每天早上九點鐘前後，窗邊的陽光總把我照醒，或許是睡眠品質很好，起床氣消失的無影無蹤，刷完牙後我會帶著前晚買好的餅乾與開水，到頂樓吃早餐，每當我踏上樓梯，那隻黑色秋田也會跟在身後上來，他們沒給牠取名，所以我叫牠小黑。小黑的地域性很強，對於外來客包括我，歡迎的方式總是那令人感到威脅的吠叫聲，到了頂樓我兩腳翹在欄杆上，望著眼前山谷美景，吃著餅乾，或許是被我的餅乾收買，牠上來頂樓後總是趴在我的身旁，一起看著遠方的山谷直到我下樓為止，而我總是會給上兩片餅乾答謝牠的陪伴。

頂樓左側的風景

ERMAN BAKERY
HIMALAYAN HORIZON
CAFE MERAKI

德國麵包店

吃完早餐背上背包，沿著山路走到河谷，小黑總是會伴著我走上這段一公里的山路，到了河谷牠就回頭，而我越過河流，到對岸山上的一間德國麵包店點上一杯熱奶茶溜搭一會，這間德國麵包店在巷子的另一側設有ㄇ字型的用餐空間，比起空間，它更像是連接旅人間的物理樞紐，旅人與旅人在此認識、敘舊、相見、道別，一切是那麼的簡單卻精采，它不負責儲存回憶，只負責製造際遇，使用完畢不留痕跡。

在那裡，我們擺脫了科技的牽絆，沒有了所謂的聯絡方式，用餐時間前後我與在麵包店認識的旅人總是會各自到麵包店碰面，然後去那舊城區尾端的一間尼泊爾家庭開的餐廳吃飯，賣的都是一些偏中式的家常菜，一份主餐配上一罐蘋果汁是我們之間非刻意培養的默契，有時晚餐吃完，時間允許我們會再回到麵包店，聊天、下棋或就在那待著，午夜前各自道別，我再獨自摸黑走那一公里的山路回去住處。

麵包店附設的空間與我下的最後一場棋

那家尼泊爾餐廳的出菜口

在異地遇見相知相惜

在Manali的日子，沒有觀光客的必訪清單要趕，只有可遇不可求的一期一會要見，在那的每一天就像平常的日子在過，或許是在異地的關係，讓這規律的生活過的無比期待，在Manali的最後一頓晚餐，當地認識的一群以色列朋友為我餞別，我們一樣到那家尼泊爾餐廳，這次大家點了一桌的菜，把平常沒吃過卻又想嘗試的通通點上一輪，一位以色列朋友不知從哪弄來兩手的啤酒，店家也遞上杯子要我們低調的喝，酒瓶別擺在桌上。那頓晚餐，我吃的很暖，席間的幾次舉杯，不管是敬我或敬人生都不重要，重要的是能在異地，遇上一群素昧平生卻相知相惜的朋友。雖然我們知道彼此可能不會再見，但也因為這樣，我們不在乎離別，只在意見面的當下是否盡興，我們不在意彼此過去的背景，只在乎見面時當下的你。

夜晚的 Manali 舊城區

吃完晚餐我們依舊到麵包店坐上一會，我點了最愛的熱奶茶與巧克力球，準備來下在這的最後一場棋。午夜時分，我們各自道別，走回住處路上，我停下腳步看了對岸舊城的燈光，我知道下次再來已經物是人非，所以我很慶幸，過去的每一天，我很用力的在這生活，我擁有過美好的時光，也擁有了一段屬於這的記憶。時間繼續的走，四個小時後巴士將把我接走，這次的道別，我沒有任何的不捨，因為早在抵達前，就沒有預期長時間停留，也就沒有任何的預期心理，關於麵包店的朋友、住處的員工及那隻狗，都是這裡的日常，我的抵達與否，不影響他們在這的生活，就像兩條平行線，因為後面有了交點，他們成為我回憶裡的日常。

2 Leh—與氧氣濃度成反比的善良

沒有阻擋天空的大樓也沒有讓人迷失的網路，那些關於城市的便利，被留在了德里。從清晨到深夜，從烈日到下雪，翻過一座又一座的山頭，就只為了一睹旅人口中的天堂—拉達克（Ladakh）。因為一些原因到了巴士站卻無法抵達預訂好的住宿，深夜零度的街頭，我窩在轉經輪旁，對於這樣還沒有太多連結的城市，以這樣的方式作為開始，零度的空氣凍結了我的情緒，坐在轉經輪旁的我很平靜。

清晨五點我用盡剩餘的力氣搭上路上第一台計程車，手機上是我截圖的訂房地址，我像接力賽一樣用最後一絲的力氣，交棒將手機給了司機，接著在後座睡去，不知過了多久司機把我搖醒，詢問我更詳細的地址，我跟他說這是我僅有的資訊後，他就開始挨家挨戶地替我詢問。氣溫五度的清晨，司機的背影讓我努力的撐開眼睛想下車幫忙，但疲倦的程度似乎遠超過我的想像，當我再次醒來，司機已經帶我到了青年旅館門前，抵達後迎接我的是一位身形嬌小的青年旅館經理Puntsog，她聽完我昨晚沒有check in的原因後，就一直催促我上床休息，那是家的感覺。

民房外的籬笆小門

不太順遂的公路旅行

在 Ladakh 的第三天，我的房間住進了一位英國人 Marc，在我不斷的慫恿說服下，他也跟我一起租機車前往班公錯湖，沒騎過打檔車的我們向車行老闆 Ali 租了兩台 250c.c. 的打檔車，趁天色昏暗前在路上加減練習，隔天一早我跟 Marc 全副武裝，在機車後座用膠帶各黏了一罐裝滿一公升汽油的寶特瓶，瀟灑出發。

經過了八十公里，眼前一條從公路邊延伸出去的岔路，極陡的斜坡配著容易打滑的沙地與碎石，引擎熄火了不下數次，離合器終於在兩公里後的一次起步應聲死去，環顧四周我們身處在前不著村後不著店的一段山路上，我們返回岔路前的一間民房，推開民房外的籬笆小門，一位婆婆走了出來，叫了在田裡工作的女兒前來，大概知道我的機車拋錨後，她透過微弱的手機訊號與車行聯絡。

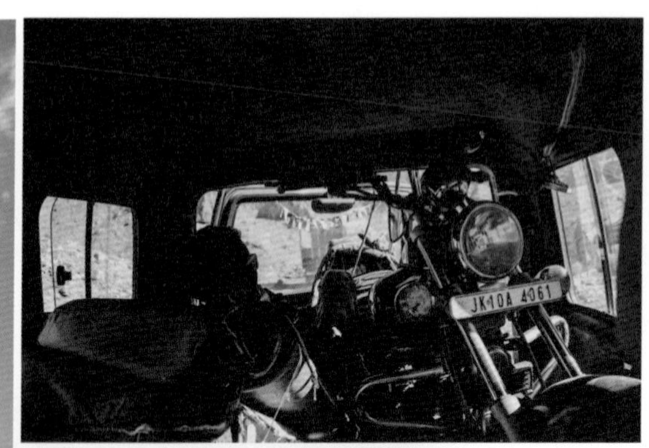

小哥與我的機車　　Ali 與他的救援車

我估算了剩餘的距離以及天黑前所剩時間，請 Marc 無論如何在兩個小時後啟程。兩小時後，還不見車行老闆身影，我便目送 Marc 平順中帶點踉蹌的騎上令我擔憂的陡坡，看著他背影逐漸縮小，我到湖邊的機率也逐漸變小。下午四點，車行老闆 Ali 開車載著一位小哥風塵僕僕的前來，老闆說離合器無法現場維修，Ali 對於我無法抵達湖邊感到抱歉，兩天的租金他只收一天，明天他會借我一輛同款機車，建議我往西騎，去看看一些藏傳佛教的寺廟。

在 Lamayuru 按下的第一個快門

單純覺得這就是世界的顏色

最單純的勇氣

隔天我去車行取車，雖然對於離合器有些陰影，但我還是上了路，那是一種克服最單純害怕的勇氣，一旦將它在生命裡種下，發芽的就是夢想，而你會開始相信自己能夠扭轉生命。

早上九點到晚上八點，我一路向西來回 240 公里，沿途待了幾間寺廟，有幾間讓我駐足拍照，只為圖張美麗的照片；有的我坐在佛堂，吸著廟裡的寂靜，吐出奔波的匆忙，看著觀光團進到佛堂後快門聲此起彼落，畫面與紀念之間的拿捏，讓我在 Ladakh 最古老的寺廟裡重新回想攝影的自己，我爬上 Lamayuru 寺院旁的碎石山丘，坐在山丘頂的風馬旗幟旁，吃著 Oreo 當午餐，按下我在這的第一個快門。

回程前，我在一間讓我寄放安全帽的雜貨店，買了條護唇膏與一串風馬旗，兩年前在西藏流亡政府所在地看見風馬旗便深深著迷，單純覺得這五個顏色就是這世界的顏色，放進背包時我挖到了被我遺忘的國旗，想起當初帶上它的原因，披上國旗後帶著想家的悸動，踏上返程的路途。在回程的當下，騎得無比暢快，透過這 200 公里的移動路徑與家的距離，我驕傲我來自臺灣，我驕傲我贏過自己。

童年的純真

Puntsog 與女兒

快樂的溫度

有幾天早上，我會跟 Puntsog 陪她女兒一起走到馬路上等校車，眼前出現幾位孩童揹著背包跳上貨卡車廂，Puntsog 說他們都是錯過校車的學生，要搭便車去學校，我想起在 Ladakh 第一天計程車司機使命必達的笑容、Puntsog 對房客的視如己出以及 Ali 對於顧客的真心相待，或許看過太多追逐利益極大化的場面，但這些畫面，讓我想到小學三年級，從老師的口中第一次知道「善良」的意思，腦袋想像的畫面，跟眼前畫面或許有點出入，但不變的是都有一種快樂的溫度。

在小學那個青澀年代，只懂喜歡不懂愛，善良對於我們來說，只是拿來代替對心儀女生的稱讚，歲月讓我們進行了一場名為「成長」的交易，用童年的天真與相信社會的單純，換取長大的利益，我們漸漸忘記善良，卻漸漸走進人群，我們勾心鬥角又處處計較，勾走了垂涎的利益也鬥走了該有的善良，我們都說要成為成功的人，但沒說過要成為善良的人。

讓我找回善良的小鎮

在 Ladakh 的那週，有些感受很難用文字表達，就像你無法表達在海拔 3,500 公尺爬十階樓梯就喘不過氣的感覺，有一種旅行是在陌生的地方，找回失去已久的感動，我在海拔 3,500 公尺的荒蕪小鎮，用 604,800 秒贖回遺失已久的善良。

3 Srinagar—晃動的路程與真相

離開了那美好的列城，我買下最後一個座位搭上休旅車前往喀什米爾，那第三排的座椅本是設計給乘客短程移動使用，但在這個講求效益極大化的國度，乘客的舒適度不是他們所要考量的，我蜷曲在那第三排位子，隔壁是兩個成年男子，前面坐了一個剛剛跟男友上演一場世紀告別的女孩，即使車子行駛了一段距離，仍然可以看到那愛情的眼淚從眼角滴下，女孩的隔壁坐了一對父子檔，一路上沉默不語，深邃的五官，應該是喀什米爾人，父親穿著穆斯林白袍配上白色小帽，兒子則穿著西方來的襯衫及牛仔褲。

一輛超載的小車不間斷的播著《可蘭經》，在漆黑的山裡，從一座山頭顛簸的翻越到另一座山頭，這樣的歷練，我在一週前開往列城的小巴上已經歷過，只不過這次是以蜷曲的姿勢移動。

凌晨兩點，我們換上了另一輛休旅車繼續顛簸前進，眼前的畫面一樣漆黑，窗外的空氣一樣令人打顫，銀河與星空一樣在抬起頭的方向，我在後座終於得到一些喘息的空間，不過至始至終不曾睡去，對拉達克的依戀，在黑夜裡，以咖啡因的方式作用在我身體，隨著路程前進，顛簸的晃動抖掉了那咖啡因般的依戀，也抖掉了整夜的睡意，幾乎可以說是靈魂出竅般的度過剩餘路程。

我在清晨六點抵達喀什米爾，空蕩的街頭，不像兩年前充斥著荷槍實彈的軍警，我搭了車到預定好的住宿，大門深鎖著，城市尚未甦醒，只有清晨的陽光與間斷的鳥鳴歡迎著我顛簸的抵達，幾聲敲門聲後，在地下室做著早餐的房務爺爺替我開了門，不會說一句英文的他，持續用著手勢與微笑請我到大廳坐著，check in 後我用著 Wi-Fi 與當地朋友的家人聯繫，離開行動網路已經一段時間，雖然對於 Wi-Fi 一樣渴求，不過連上後的動作僅只在回覆訊息，回覆近況，社群網站上的照片，一張都沒捲動，網路連上的當下，我只想跟在乎的人們說聲我過得很好。

房務爺爺

爺爺與孫子

別讓我們等太久

喀什米爾這塊土地的命運似乎永遠無法擺脫被瓜分這條路，人民不斷的抗爭，政府不斷的鎮壓，屠殺、流血、肅清、死亡，這些有重量卻又離我們有些距離的字詞，我不時從朋友的母親口裡聽到，或者在聊天的訊息裡看到，今天誰在政府的鎮壓中身亡，誰被軍人打傷，就連朋友在上小學時，也被路上站哨的軍人欺負過。

這裡有太多不為人知的故事，有太多需要被挖掘的真相，縱使傷痕累累的看著夕陽落下，隔天也要抬頭挺胸的繼續生活，記著真相，這是這裡的市井生活。就像隔天早上我在旅店旁買到的現烤大餅，焦黑的表面紋路，卻在剝開後展現那柔軟的潔白，似乎在告訴著世界，我們還行，但也別讓我們等太久，我們有太多的故事或者該說的真相，你們必須知道。

上次來到喀什米爾，純粹過著那些關於觀光的日子，這次再度回來，除了探望朋友的父母，也從他們的眼裡，看到更深一層的當地，但始終看的不夠多，角度不夠，層面不廣，我無法下任何註解，我只希望我在喀什米爾的家人，能開心地過著日子，專注眼前的事，你們要說的故事，我會替你們記著，待下次見面，我一樣會給上一個暖上心頭的擁抱，然後一邊吃著你們手做的料理，一邊聽你們說著那些該讓外界知道的故事。

當地的市場

別讓我們等太久

自白

在印度北邊有一個分成三大塊的省分，其中一塊的省分上面住著一群不同臉孔，不同信仰的人們，他們住在政治畫的國界裡，有自己的文化，有自己的信仰，他們不是難民，更不是罪人，但在他們的街頭，總是充斥著警車，機場的安檢充滿著對人民的不信任，他們想要的就是一個身分的自白，然後待在原本該在的土地上，努力的工作，認真的生活，僅此而已。

喀什米爾的美麗，我無法訴說，喀什米爾的哀淒，我無法道盡，風聲，祈禱聲，槍聲，抗議聲，那是個美麗的地方，有個美麗的名字，但醜陋的政治，貪婪的人性，一步步逼近，在無聲無息之間，羊毛產地，不過是被世人記住的印象，喀什米爾不該只是這樣而已。

混亂百夜

1 Jammu—降落後的意外

這不是一座原本該出現在回憶的城市

下了飛機，拿好行李前往計程車亭叫車，一切似乎都跟兩年前一樣，可以說是反射動作，二十分鐘的移動，我來到了火車站，繼續在回憶裡摸索，過了安檢我往月臺邁進，走上樓梯最後一階，眼裡預期的票務亭依舊在那，我快速經過，甩掉兩年前在那票務亭與人爭先恐後改票的狼狽，在同樣的車站，帶著不同的情緒，等著同一班列車，準備駛進回憶。

災難開始

沒有多久，車站廣播了一段英文，不是列車誤點也不是更改月臺，而是今天所有前往 Punjab 省的火車，因為動亂的關係，全數取消。雖然昨晚在 Srinagar 有被印度朋友提醒火車被取消的可能性，但接收到訊息的當下，還是很難接受，很難接受在印度人「隨遇而安，以不變應萬變」的生活哲學之下，人民之上的政府，處理動亂不帶彈性，不准配套措施，只單一切斷前往動亂城市所位居省分的所有大眾交通工具。

有些等車已久的家庭索性席地而睡，我環顧了月臺四周，刪掉了睡在車站的選項，礙於還在敏感地區，手機依然沒有訊號，我與月臺商家買了些餅乾及汽水，懇求他們能否用手機替我申請車站免費網路的驗證碼，大哥一口答應，拿到驗證碼手機連上網路，一秒內迅速的收到印度朋友的關心與動亂近況回報，在那一秒內，這些通知像是一隻隻的手，試圖將時間倒轉回當天早上，並告訴我別上飛機，因為一上飛機，麻煩會隨著我落地而抵達，但終究是遲了些，畢竟時間倒轉從不存在。

我在訂房網站找到兩間有空房的旅店，將地址與地圖截圖，但在抵達時發現A旅店不曾存在，只能前往備案的B旅店，正午十二點，我站在接近四十度的路邊，招著不確定會不會出現的任何付費交通工具，一位從我身旁經過的大叔問了我在幹嘛，我跟他大概說明自己的處境後，他讓我搭了趟便車到B旅店，上車前我想過最壞的情況，但持續在那樣的溫度下等車，中暑是極為容易發生的事，就算招到了嘟嘟車，沒有網路，我也無法確定普遍聽不懂英文的司機是否行駛在正確的方向，更別說司機為了生意而裝懂的可能性，這趟便車雖然有它一定的風險，但最後卻讓我再次相信善良有它一定存在的可能。

SpiceStyle
GET YOUR TRENDY

我在動亂前登機中

到了旅店安頓好一切，我不安的睡去。清晨六點，預設好的鬧鐘持續響著，正想起身關掉它，身體有股無力感蔓延四肢，接著是肌肉酸痛，頭也開始暈眩，但時間不容許我做任何掙扎，我必須在三十分鐘內抵達火車站，與運氣交手，查看是否有任何一班火車發車，旅店外的大雨滂沱，路況將讓時間變得更不可控制，我吞了幾顆成藥後，揹上行李，倉促出發。

排水系統如預期中的癱瘓讓路面成河，沿路還被快速駛過的轎車濺濕了身子，晚了三分鐘抵達車站，縱使司機不斷告訴我今天不會有火車行駛，我還是使盡全身的力氣奔向車站大廳，想要親自知道真正的答案。「今天沒有任何火車會行駛」售票員冷靜地告訴我，旁邊的駐站警察也跟著附和，我再度從車站走了出來，三天後我的班機將在 200 公里外的 Amristar 機場起飛，遠在 600 公里外開始的動亂依舊進行，我沒有任何時間沮喪，我必須盡快離開這裡，向 200 公里外的機場移動。

生命的韌性

回到旅店，放下行李，我跑去巴士站了解狀況，巴士總站早已擠滿了人群，由於售票員不諳英文加上發車時刻表滿是印度文，我從周圍要買票的印度人及售票員的口中，東拼西湊資訊後，大概確定今天中午會有巴士發車前往我預計停留的下個城市 Jalandhar。

早上十一點，房務大哥受我之託陪我前往車站，替我翻譯並確認巴士發車的真實性，在確定巴士會發車後，大哥得回去旅店工作，我與他相擁道別，當下的感謝無法具體量化，我能給的就是挺起疾病纏身的身子，給予他一個長久的擁抱，車站的擁擠加上體力的耗弱，我來不及與他做些紀念性的記錄，只能在腦海裡努力存下他的畫面。

隨著時間過去，沒有人知道確切售票時間及發車時間，我的體力也漸漸的在時間中流失，兩個小時後我如願的買到了車票，握著眼前薄如銀行發放號碼牌的紙張，我從沒想過人生的某個時分會停留在此，留宿也好逃難也罷，在緣分的象限裡，它們彼此相交著。

過去的二十四小時，以一種劇本外的方式呈現在我人生的一部分裡，我在情緒與運氣的極值裡，求出了最適解，無關公式也無關幸運，在這考卷外的加考題，雖然時間讓我無法記錄下腦中畫面，但我用溫而不慍的從容找到了答案，也練出了更有彈性的自己，

練就溫而不慍的自己

2 Jalandhar—成長的風景

就像難民搭上逃亡的小船那樣，在一陣混亂中的回憶畫面，我終於搭上離開Jammu的巴士，似乎該鬆一口氣，但我卻無力吐出一口「終於」，我的四肢越來越無力，頭越來越沉，排除了中暑的可能，唯一能解釋的就是感冒，那種不太輕微的感冒。

動亂讓平常就不太準時的巴士增加了更多的不確定性，這班前往Jalandhar的巴士，是我在印度避之不及的一種車型，鬆軟的懸吊、狹小的座位，身體極度不適的我，沒有任何力氣去適應接下來五小時起跳的旅程，就像待宰的羔羊，被迫接受一切，但至少結果不是什麼悲劇的收場。若要說唯一的慶幸那就是接下來行程都在掌控之中，因為接下來抵達的城市有我在那生活五十天的背影，所以一切的一切都只是回到記憶，只是記憶有點沉重。

Jalandhar，一座Punjab歷史最悠久的人居城市，但在《Lonely Planet》的索引上根本找不到半點資訊，沒有觀光客會停留，卻是我在臺北以外生活最久的城市。巴士駛進外圍郊區，乘客開始沿途下車，車窗內的我靜靜的掃描周圍的畫面，在腦海裡比對著上次掃進來時的畫面，努力地找著兩年的時間變化，車子抵達巴士站，還來不及感性的做些回憶的儀式，我必須先把行李從車頂上拿下來，全身極度無力的我吸了口氣大步踩上離地面有一百多公分高的階梯，攀爬的過程讓我想起在印度的清單上，有那麼一條寫著坐在巴士車頂上移動旅行，就這樣我以極度狼狽之姿完成印度巴士車頂的體驗，中間伴隨著幾聲咕噥與幾分無奈。

巴士站外的嘟嘟車沒有因為時間的變化而改變作息

家鄉的定義

當家鄉的定義不再侷限在個體出生或生理成長的地點，這裡便是我另一個家，原本預期的近鄉情怯沒有半點滲出，因為對我來說當下的每一刻都是不可思議，兩年前我出了新德里機場的海關後，不斷的想，在這裡所有留下的「下次再見」到底會不會實現，還是像每次在異地與朋友道的後會有期，心知肚明其實是遙遙無期。

網路訊號還是被政府切斷，所以無法與朋友們聯繫，下了三輪車我直接走到附近唯一的超市，見見在這工作的朋友 Clement，我帶了張明信片要給他，但他今天沒值班，所以我買了點水跟口糧後回到住處休息。這回程的這 100 公尺，就像與兩年前的距離，當時在這生活，此刻在這旅行，我不斷問自己有什麼不同。物理上的時間變化所成形的每個現在，讓我有點慌亂迷失，但回過神我才意識到，這就是我信仰旅行的本質，在生活中旅行也在旅行中生活，這之間的界線就像當時天空的日落餘暉，哪邊是夕陽哪邊是夜色，已經不太重要，因為已逐漸模糊。

外帶衝擊

兩年前的一切對當時的我衝擊很大，不管是生活型態或街景文化，太多的差異化讓我理不出頭緒，我只能像外帶速食套餐一樣整包帶走。直到現在我慢慢回想這兩年來自己的變化，發現似乎每個變化的起點都有著一張這裡的畫面：摩洛哥志工在水果攤前好心警告我當地人只會騙錢的畫面，讓我開始學著了解事情的來龍去脈而不是別人的旁敲側擊；貧窮的孩子拿著你遞給他的冰棒所揚起的笑容，我開始思考或許金錢不是貧窮的唯一解法；深夜與朋友躺在三輪車收折起來的遮雨棚上看著天上星星，我發現在生活中轉換個坐姿不一定看的到星星，但會有不一樣的風景；無預警停電所造成當下的黑色畫面，我看到知足前的自己是多麼的幸福；雨天我下了三輪車一起推車上橋後，司機給我的擁抱與微笑，我發現了人與人之間的那面鏡子。

物是人非的星空與陽臺

吃完整盒的成藥還是沒有讓感冒痊癒，在Jalandhar的最後一晚也沒有像兩年前一樣停電讓電扇停止運轉，但我一樣拖張軟墊到住處二樓的大陽臺躺在星空下，腦中閃過一群人喝醉在陽臺倒頭大睡的畫面，或者志工伙伴難熬停電的悶熱拖著軟墊睡在陽臺的畫面，似曾相似是當下的錯覺，物是人非才是當下的感覺。

理性啟程

隔天六點起床準備趕路前往車程一個半小時的Amristar，兩天後的凌晨我將在那搭機離開，在政府還未再宣布任何交通管制的此時，理性拖著感性走。

我在超市裡將明信片轉交給Clement的同事，接著踏上這最後三公里的溫存，是到巴士站的間距，是到兩年前的距離，我快步的走著，眼睛不斷的左顧右看，因為每一幕都可能是最後一幕，不是不會再來，而是物換星移的程度，可能不會讓記憶永駐，我只能讓回憶浸滿周圍的畫面，除此之外別無所求，因為在當下，連呼吸的空氣也更加珍惜。

3 Amristar—生存之道

巴士駛出了那曾經出現在回憶中好多次的巴士站，一路向西北前進，我跟一位乘客換了靠窗的位子，那是輛有冷氣的巴士，裡面播著有些老舊的印度電視劇，隔熱又遮光的窗戶讓車內光線昏暗，我無意在這樣的氛圍度過在印度的最後一次移動，我使出全身的力氣推開那久未移動的窗戶，透進的光線吸引了所有乘客瞬間的目光，卻絲毫不影響他們繼續做各自的事，我靠著窗框吹著風，怎麼也沒想到在印度的最後時刻竟然是以逃難之姿，前往機場，當下的我，片刻的佇足不被允許，因為依戀是件奢侈的事，更別說那與朋友的相擁道別。

最後棲身

九十分鐘後移動到了在印度的最後端點Amristar，熟悉的巴士站讓我想起兩年前那一行人中拿著行李走下巴士的自己，難掩的興奮之情，來不及搞懂住宿的方向，就先跑到了車站對面的餐廳吃飯。每個在異地的車站就像是一個個獨立的儲存槽，在你無意之間，它儲存了你抵達的身影及離開的背影，而它將你在當地的故事加了保存期限巧妙的夾在兩者之間，這之間的過程，它沒有任何的刻意，你也沒有任何的允許，因為你在當地的故事是因它開啟，也因它結束，而儲存槽你無法帶走，它就像紅酒，唯有到了產地，置身於此，才能喝到那之間的純粹與美好。

我的飛機將在隔天清晨五點起飛，雖然無法睡上一晚的好覺，但我還是訂了一晚的青年旅館，想好好洗個澡，順便洗去前幾天逃難的匆忙，我搭上了嘟嘟車前往住處，巡視著這座讓我第一次感覺到活在當下的城市，淋著大雨回到廟裡睡覺、十二人超載的嘟嘟車、暴雨時幫忙司機推著三輪車⋯，畫面似乎依然清晰。

Amristar 街上的嘟嘟車

Check in後我在交誼廳坐著，聽著房客聊天，有些人剛到幾天，正在討論要不要去印巴邊界看表演，有些人即將離開，討論著要搭什麼交通工具到下個目的地，我喝了口水，享受這片刻的平靜，動亂似乎從未發生，我像踏入了一個不曾重疊的時空，短暫的停留後，繼續移動到下個時空。

晚上跟三位熱情幽默的巴西室友到街上晃晃，為了清掉國際不流通的印度盧比，我在超市買了陪伴我在當地度過許多三餐的餅乾，還有一罐一公升的檸檬汽水及幾瓶酸奶，試著將回憶填充進去，待回國後打開包裝，能夠在撲鼻而來的氣味中與回憶相見，而這也是我在印度最後一晚所能做的。

每當在異地生活長於一週的時間，我會有意識的在心裡建立一張最後一次的清單，上面記著我在當地日常會做的事，刷牙、看日落、收拾行李……，每當最後一次做完上面的事，我都會在旁邊打勾，這算是一種方式倒數回家，回到青年旅館花了一些時間打包行李，心中習慣性地在那張印度最後一次的清單中，找到「打包行李」這一欄打勾，準備道別。

最後黃昏

準備離開

我跟青年旅館的嘟嘟車司機談好接送時間後，上樓把清單上「洗澡」的這一欄打勾，沒想到一切來的如此之快，三天前忙著應付因為動亂而被政府切斷的交通，沒想到離開的時間，已經靜靜的倒數，就像從蓮蓬頭流出經過身體的水，抓也抓不住。關於最後一晚該怎麼度過，我從未想過，擦乾身體穿好衣服，我維持以往，在交誼廳與大家聊天，簡單的聊，什麼都聊，有人彈琴，有人唱歌，直到深夜，交誼廳從未安靜過。

時間持續地走，走到了每個人被睡意帶走的時分，大家與我相擁道別後各自回房，交誼廳只剩我與行李，剛交班的櫃檯也進房休息。我拿出筆記本，象徵性地想寫下在印度的最後一段文字，提筆許久就是未下一字，睡意似乎也正強迫我交出身體的最後一絲力氣，連睜開眼睛也不被允許。

凌晨三點，身體因些微晃動而清醒，司機提醒我該走了，我還未回過神地跟著司機的步伐，離開在印度最後一處的棲身之地。坐在嘟嘟車上，迎面而來的夏日涼風吹醒了我的睡意，凌晨的街道是如此的寧靜，整台三輪車就像靜音般緩慢地朝機場前進，前座的司機熟練的在城市尚未甦醒之際，帶著我駛離城市的身影、駛離印度的背影，就像未留痕跡的那樣，道別。

別把自己弄死

到了機場，給了司機車錢後，他突然問了我一句：「你知道印度唯一的交通法則是什麼嗎？」我搖了頭，「別把自己弄死，其他的都不重要」他回答道。每個地方都有自己的生存之道，就像這個瘋狂又迷人的國度，讓多少旅人洋相百出，卻也因為他們找到了自己的生存之道，而一再回訪，我揹上背包，走進航廈，飛機起飛時刻，我在天空爬升看著這片土地，這一次我沒有任何留戀，因為我找到了自己的生存之道，「隨遇而安，其他的都不重要」。

印度回憶─必備的瓶裝水

篇三

百頁靈魂

印度之內—關於在印度生活的人

1 樂觀的簡單，務實的浪漫

火車在月臺停下，卻停的異常的久，我環顧四周，似乎只有我一人覺得不太對勁，又或者只有我一人還搞不清楚剛剛那則印度文廣播的內容。

沒一會，火車總算啟動，不過移動的方向，卻是與剛剛進站時的方向完全相反，我有些緊張，開始啟動在印度迷路的標準程序，尋找周圍看似會說英文的當地人，至少兩位，且兩兩相間的距離不能過短，然後詢問狀況，交叉比對結果是否雷同，再輔以手機上網搜尋的結果比對，在印度很少有機會需要啟動到這項動作，但每次使用，一定奏效。

讀書工作結婚生子

Naman 是我隔壁床的乘客，我倆之間只隔著一條走道，他是我當時第一位詢問狀況的印度人，在我確定火車行駛相反方向的原因，是因為火車車頭需做更換，所以最後一節車廂接上新的火車頭後再繞路重回原本的行駛路線後，我們就這樣搭上了話。他跟我同樣在 Varanasi 站上了火車，拉著兩只行李箱與電腦包，準備前往孟買開始他的工程師人生，言談中很難忽略他的興奮之情，不管是對於全新的環境或者全新的人生。

就讀工程的他，在大學時就不斷的想像關於畢業後的日子，拿到文憑然後到孟買的印度企業工作，有了經歷再跳進跨國公司工作，找到心儀的女生交往結婚，生個小孩過著自己想要的生活，這些是他在大學時就規劃好的人生行程。現在他在離終點還很遠的路上，一步一步的走，關於那些及時行樂的人生插曲，或者說走就走的旅行衝動，對他而言是不切實際的想法，這樣的行為，不會讓他的人生變的更精采，只會讓他的人生行程大亂。

在很久以前的我，接觸到像這樣與自己天差地別的想法時，總是會先投以嗤之以鼻的態度，然後想盡辦法改變對方的想法，從小到大的品格教育，關於「尊重」這一課，我們在考卷上都能選出最適答案，但在人生中總是選擇了最不適的答案，我們常把尊重掛在嘴上，讓自己顯得高人一等，然後在指責別人的時候，丟出一句「你要懂得尊重」，好似我們真的懂得尊重，但其實我們只知道「尊重」兩字該怎麼寫。

Naman 正在寫他的印度印象

旅行的路上，有時會不自覺的以自己的價值觀或原生環境的標準去評斷在當地遇到的人事物，有時或許正確，但大部分的時候，都會踢到很厚的鐵板，一次兩次可能會先懷疑自己的運氣，幾次後才會漸漸發現，不是運氣問題，也不是評斷方式，而是簡單的尊重。對於食物、人種、文化、習慣、想法、行為，對於在當地遇到的一切，我們所持有的尊重。

現在的我，喜歡與自己截然不同個性的人聊天，喜歡讓自己的想法不斷碰撞，就像手沖咖啡一樣，每次用自己的濾紙裝著不同產地的咖啡豆所磨出的粉，熱水沖下滴出的是全新的風味。每次聊完天後，總是會有些想法改變，可能從原生想法疊加上去，可能在原生想法旁去做延伸，可能將原生想法澈底丟掉，這些我所遇到的人，我總是會用不同的罐子，裝進他們的靈魂，在瓶身貼上他們的想法，然後存放在我的背包，可能就在某個時候，取出然後倒在剛喝一口的咖啡中，杯子裡又有了全新的味道。

至於這次與 Naman 的聊天，我重新思考關於穩定生活的樣子，我們過去活在按部就班的生活裡，因為厭倦，急著否定它的存在，然後擺脫。其實公式般的人生就跟脫稿演出的人生一樣，只是人生的其中一種選項，有它的優點，也有它被追求的價值。在孟買車站與Naman 道別後，我拿出全新的罐子，裝進他的靈魂，然後在瓶身上寫下「樂觀的簡單，務實的浪漫」。

Naman 與我

關於印度，Naman 寫下這段話

印度有超過 50%的人口無法負擔日常生活用品，但有趣的是，這些人卻很快樂、滿足，知足方能常樂，釋迦摩尼曾這樣說過。或許過去的印度澈底實踐這項真理，但現在的印度想要透過奢華的人生得到快樂，所以知足無法富國，印度除了有自然風景，我也希望大家能認識印度人在精神上塑造的根本，吠陀。

2 印度火車的其中一課

拿著候補車票，我上了火車，找到空位，花了點時間將行李放下，每次這個動作，都會驚動到隔壁的乘客，Nilesh 就跟大多的乘客一樣，在我放下背後的大背包時，將視線從手機移向了我，而我也像往常的致意一下，打個招呼，畢竟這趟火車，我拿的是候補票，必須逐空位而居，與乘客討好關係，直到剪票員補票。

這是趟二十六小時的火車移動，我在大約三小時內，與周圍的乘客寒暄了一遍，和往常一樣，這是我喜歡在印度搭火車的其中一個原因，尤其是 SL 車廂，沒有冷氣，只有學生時期教室天花板的那種電扇，一張火車票換來的不只是那移動的距離，還有車上乘客間的真心相待，當然如果需要個人空間或隱私，其他不同等級的車廂，一樣能夠滿足，各取所需。

Nilesh 在孟買的一間中學裡擔任自然科老師，看我窩在對面的角落，便邀我坐在他旁邊那空曠的位置，我的答應與否，通常會影響接下來幾個小時在火車上的命運，可能變得更加有趣，可能還是維持以往，但至少不會變的更加無聊，所以我就像過去的好幾次一樣答應，二十六小時過後，我依舊感謝自己當時的決定。

Nilesh 與穆斯林大叔

在我坐在Nilesh旁邊後，他就像照顧朋友般的對待我，不管是上車拖住你的小販，或者是那些用來騙我這外來客的把戲，Nilesh一概地替我擋掉，就算他知道我在印度已經旅行過數週，身經百戰，甚至是第二次的來到，他都以舉手之勞般的姿態，讓我在火車上的時間更加舒適。至於每每在火車從車站離開後，他總是用印度的宗教習俗及人物的介紹來填補移動時，中間那無聲的空白與等待，而我總是分享在臺灣相對應的話題，我對於印度教神像的認識，大多來自Nilesh，輔以維基百科上的照片。

SL車廂的日常

幾站停靠後，上來了另一位與Nilesh年紀相似的大叔，帶著伊斯蘭教的無簷小白帽，Nilesh與他從閒話家常到坐在他的床位上，面對面分享他帶的飯食，縱使在印度火車的SL車廂裡，看過太多互不相識的乘客，卻如相識朋友般的分享食物，分享火車上日常所需的一切，但一開始我仍以為Nilesh與這位穆斯林大叔是認識的朋友。

Nilesh跟我說：「我是在車上才認識這位大叔的，這就是在印度搭火車有趣的地方，你永遠不知道會遇上誰，認識了誰，但這一來一往的對話絕對會讓這煩悶的火車旅行，變的更加有趣些」，於是在這趟二十六小時的移動，我又多了一位鄰居，自此之後，沿途上的照顧開始乘二，他們只要一有什麼東西，一定會分享給我，包含在深夜裡，用來睡覺休息的床位。

大部分的時間，他們都在聊天，對話的語言，我不熟悉，但我還是聽得很開心，每當火車靠站有新的乘客上車，Nilesh會在我的耳邊跟我說，他覺得哪個女生很漂亮，每經過一個城市的車站，他會跟我說當地哪個景點值得拜訪，每跟不同乘客聊到有趣的事，他會替我翻譯出那有趣的部分。

世界上大部分的喜怒哀樂，都是在一段關係裡不斷延伸出去的枝枒，尤其是在人與人間的關係，特別粗壯，特別繁多，你可以建立一段新的關係然後澆水，冒出的枝枒不一定快樂，你也可以剪斷一些枝枒，然後放在那裡不去嫁接，這樣就不會有難過的枝枒，卻也沒了快樂的可能。如果在印度火車上遇到一位中學的自然科老師，他會叫你義無反顧的去建立關係，哪怕只是一面之緣，盡量澆水，因為冒出的枝枒會讓火車上的旅程更加有趣，因為讓你人生變的更加有趣的是那些在路上認識的人，那些讓你曾經大笑過，讓你曾經大哭過，讓你曾經生氣過，讓你曾經瘋狂過的人，這是我在印度的火車上，學到的其中一課。

Nilesh 與我

關於印度，Nilesh 寫下這段話

印度有 29 個邦還有各種不同的宗教和文化，在印度有兩個主要節日，開齋節和排燈節，你可以看到兩個完全不同宗教信仰的人，聚在一起慶祝這兩個節日，我很開心可以看到印度人是如此的凝聚在一起。

3 當緣分超越時間

「你那顆是什麼鏡頭？」

「Sigma 18-250」

在Varanasi的第三天，隔壁床住進了一位印度人Shashank，他的行李應該是整房中最少的一位，一個普通大小的包包，一台相機兩顆鏡頭，我跟他一開始的談話，內容不多，僅只在基本的寒暄還有攝影器材的使用心得。

一針見血的問題

那天早上我們剛好都在頂樓陽臺吃早餐，我拿了筆記本過去想請他替我寫下他的印度印象，他翻了翻我的筆記本，然後闔上，他說他會寫，但不是現在，他想跟我聊聊我的計畫，然後問了我一句：「你會不會覺得正在蒐集的東西漸漸失去意義？」這個問題其實已在我心中迴盪許久，從若有似無盪到具體顯現，我不斷地跳過它繼續旅行，就像寫考卷那樣的跳題作答，直到Shashank那一問，讓我不得不重回問題所在，重新讀過一遍題目，然後作答。

時間從早上到正午，水杯裡從熱奶茶到薑汁檸檬水，我們聊了很多，無關寒暄，無關攝影，我們聊彼此的計畫、未來的人生、現階段的自己，我們聊之後想成為怎樣的人。雖然之間的答案沒有任何重疊，但就像那許久不見的朋友，忘了時間，忘了行程，無話不聊，無事不談。

河面小船

中午時分，Shashank說要帶我去見一位他昨天在恆河邊認識的朋友，說是一位很酷的人，換好衣服揹起相機，我們就前往河邊。我們要見的是一位恆河祭壇工作者，在當地似乎小有名氣，Shashank這樣跟我說。碰面後，那位工作者帶我們沿著河岸走上一段路，介紹他所工作和生活的地方，我們有時爬著牆壁，有時轉進那小到只有當地人才知道的巷子，沿路上的印度人會跟他打聲招呼或閒聊幾句，這人似乎還真有一回事，我在心裡咕噥著。

下午我們三個，坐在恆河裡的涼亭，那是一個建在河階上的涼亭，水的深度位在小腿肚的地方，微風就像在春天的大安森林公園一樣，輕輕的吹著，舒服的程度讓我完全忘記雙腳已浸在讓我有些許畏懼的聖河中，我時而發呆，時而看著周遭的人們安靜的沐浴，宗教的差異讓眼前的河水對於我們，有著全然不同的意義，我對著河面上觀光的小船，按下了幾個快門。

恆河祭壇工作者

河階上的涼亭

涼亭與跳水男孩

聖城裡的酒吧

那天是 Shashank 要離開 Varanasi 的晚上，為了要喝上一杯，敬我們的相遇，他帶著我到當地的酒吧，或者該說是一個賣著啤酒的防空洞，防空洞最裡面擺著被整面鐵欄杆圍住的三個大冰箱，販售人員透過欄杆間的空隙賣著罐裝啤酒，洞裡兩側各有一張長椅，靠近洞口的地方有個攤販，賣著那與酒精同等重要的下酒零嘴，我們各買了兩支濃度九度的國產啤酒，Shashank 的火車在晚上十一點出發，酒精的作用漸漸地讓我們忘記時間的經過，我們持續的聊，酒瓶見底讓我下意識的察看時間，距離火車的發車時間只剩二十分鐘，我們兩個搖搖晃晃地走出「酒吧」，撐著對方回到青年旅館。

Shashank 似乎想延長這夜的美好，回青年旅館的路上他不斷問我，是不是該將車票改期，是不是不用那麼急著回到德里，說也奇怪，酒精麻痺了我的四肢，但腦袋卻無比清醒，我冷靜的分析給他聽，取消車票的利與弊，包含他的計畫進度與損失的車票錢，還有後續相對應的程序，在那個當下會有個錯覺，印度鐵路似乎跟臺灣鐵路同時存在我過去二十幾年的記憶中。

私心希望他多留幾天，不過最後還是把他送上三輪車，道別時，他除了揮手也把他的包包打開，秀給我看一瓶未開封的啤酒，他準備上火車後好好的把 Varanasi 的回憶，隨著最後一批的酒精作用，蔓延到身體的每個角落，和未來的日子中。

Shashank 是一位職業攝影師，目前正在執行一個人像攝影計畫，他在印度旅行的途中，拍攝讓他想按下快門的人，再集結成一本作品。在他離開

前的下午，他把我從房間叫出去，然後按了幾下快門，當天晚上送他上三輪車後，我也按了幾下快門，然後道上保重再見，就像跟認識十年的朋友道別，時間在當下無法衡量我們的情誼重量，因為當緣分超越了時間，一見如故才會真正出現。

關於印度，Shashank 寫下這段話

『印度的一切都會讓你愛上它』，在印度有句話是這麼說的。永遠有你發覺不完的東西，不管你旅行多久，吃過多少東西，看過多少風景，印度還有你未發掘的東西。

Shashank 的人像攝影計畫

4 路邊攤咖哩與長途旅行

使用 Instagram 是我日常的習慣，更新朋友近況，看看一些這輩子應該不會踏上的地方畫面，其中有個帳號我已追蹤好一陣子，那是一個介紹印度美食的帳號，粉絲人數足以證明它的推薦價值，長時間的追蹤讓我知道這帳號的擁有者大多在德里行動，於是就在我抵達德里之際，不知哪來的想法，我傳了訊息邀約碰面，傳出去的當下，我只想吃吃看充斥在當地人生活中的美食。

網友與美食

隔天早上手機跳出訊息，我收到對方的回覆，他表示很樂意帶我在德里晃晃，吃些口袋名單中的食物，我們約定好當晚七點在一家餐廳碰面。到了晚上六點收到了他的訊息說，因為老闆開會的關係，所以可能得加班無法與我碰面，正當我準備哀悼這擦肩而過的邀約之際，又收到了他的訊息「我留了字條給老闆說我有急事必須先離開」，於是我們就這樣碰了面。

他叫 Karan，不折不扣的美食狂熱者，在上班族與美食部落客的身分間如日夜般的轉換，他帶我去的餐廳，是在大樹下賣烤肉串和咖哩起家的路邊攤，隨著生意的增加，老闆在大樹旁買下房子改建成餐廳，而發跡的路邊攤依然在那販賣，訴說著招牌的故事。剛到這裡，會先被站在停車場的人們，還有他們手上的食物吸引，慢慢理出頭緒後，才會發現那些人吃的正是到此必點的經典美味。

餐廳外的車輛

餐廳一角

Karan與他的家人每次回國第一件事，就是來這家餐廳報到，一串烤肉，一盤咖哩，就能洗滌旅途的疲憊，重新熟悉家鄉的美好。那晚他帶我依著他們家用餐的模式來朝聖，先在門口點上幾串烤肉串與肉丸，以立食的方式在停車場開完胃後，再走到餐廳的後方，那裡賣著現煮雞肉咖哩，一桶一桶的咖哩直接放在戶外烹煮，香氣直撲進鼻腔內，再理智的人也會無意識的點上一碗雞肉咖哩配上現桿餅皮，然後短暫的迷失在眼前這盤褐色沾醬中，比起在停車場將烤肉串盤放在陌生人的機車上吃著，這裡擺著幾張長型鐵桌，可以愜意的站著進行一場名為咖哩的儀式。

對於我這樣素昧平生的人，到底是什麼原因，讓幾句網路上的文字，就能驅使他和另一個全然陌生的人相約相聚，是出自對於不同地理環境或文化背景的好奇？還是只是想著「來交個朋友」的心態？這不是什麼太重要的問題，但我始終好奇著。

旅行想像

對於我這樣的一個長途旅行者，Karan 是很羨慕與佩服的。他其實也很嚮往一段長途旅行，到全然陌生的國家，吃著最當地的食物，看著最難忘的風景，在人生某個片段裡好好享受當下，不過他始終無法出發，不是因為工作，也不是因為時間，而是對於這樣長途旅行的微小恐懼，他無法想像沒有固定的居所，在國外生活幾個禮拜甚至一兩個月，必須不斷的帶著行李移動停留移動。

關於旅行再多的想像都不及一次簡單的出發，或許說時簡單做時難，但這就是亙古不變的教條，這是每個旅人踏出當地機場大門時，心中多少都會有的呢喃。出發前各種的焦慮誰不會有，怕迷路、怕危險、怕弄丟東西、怕趕不上車，焦慮可以是幫助自己的分析，也可以是阻礙自己的困擾，關於那些困擾，就留在家裡，留在登機門前的垃圾桶，因為帶了再多只會讓自己的思緒超重。出發，簡單就好，不宜超重。

那天晚上我與 Karan 聊了很多，關於旅行，關於工作，關於我們的國家，關於我們的文化，來到德里之前，很難想像我會在這度過這樣的一晚，更難想像我會再與全新的靈魂交會。雖然那天晚上結束的有些倉促，而且差點趕不上地鐵末班車，但能夠以這樣的角度認識某一部分的德里，讓它像當天晚上高掛的月亮一樣，完美清晰的留存於記憶當中，我感謝自己在四天前踏出火車站時傳送的那則陌生訊息。

註 Karan 的 instagram 帳號：karanfoodfanatic

Karan 與我

關於印度，Karan 寫下這段話

印度有很多特色，多樣的地區、多樣的語言、多樣的食物，大眾普遍認為印度食物很辣，但我很榮幸能夠打破這個刻板印象，一道菜加入許多辛香料，不代表它是一道會辣的餐點，不是所有的辛香料都與味覺的辣畫上等號。

5 一無所有的埋葬

大學畢業對於未來的不知所措，是每個青澀年代都會有的無解徬徨，以前的我們，大多繼續埋頭苦幹的追尋工作，追求安居樂業，現在的我們，大多繼續做著相同的事，追求財務自由的日子，不過卻有一些人，開始抬起頭，停下腳步，在這人生第二個十字路口，思考著下一次的轉向，而這樣的人數持續增加中。

思考未來不是件浪漫的事

我在Manali的舊城區遇到了Prithiv，他跟我住在同間青年旅館，同間八人房，早我一週check in，大學念飯店管理的他，在畢業時也發現了前所未有的徬徨，他不急著找份社會普遍認定的「正職」工作，反而跑到朋友在這經營的青年旅館，利用打工換宿的方式，在此生活，觀察著經營旅宿的方式，測量著自己在未來開間青年旅館的可能。

Prithiv留著滿臉的落腮鬍，讓他看起來有些剽悍，但聊了一下，就會發現落腮鬍的背後，住著一個大男孩的靈魂，他講話的聲音總是不大，音調也不低沉，就算在他的生日派對中，仍然用一貫的音量謝謝大家。

青年旅館前的蘋果樹

每天早上，大多時候他都比我早起，在起床後，我們各自做各自的事，我拎著餅乾與瓶裝水到頂樓吃早餐，後頭總是跟著一隻黑狗，吃完早餐全身甦醒，走到樓下我會與 Prithiv 從青年旅館門口的蘋果樹上摘下一顆或兩顆蘋果，站在山谷前，啃著蘋果，聊著彼此的心情，然後再將吃剩的果核，往滿是蘋果樹的山谷丟去，然後喊一聲「Morning」。

每天晚上走著一公里的漆黑山路回到青年旅館，放下背包，大多時候我會拉著一張塑膠椅子到青年旅館門口，Prithiv 早已坐在那喝著汽水，抽著自己捲的大麻菸，等著我將喇叭拿出播放音樂，有時會要我播些我喜歡的中文歌，有時我請他播些他喜歡的印度歌，我們之間能夠產生共鳴的還是 Chainsmokers 的 Closer，我們聽著音樂，聊著彼此當天發生的事，旅行久了，有時就只是想要有個人可以聊個天，不需要聊政經時事，也不用聊名人八卦，只想聊心情，聊當天吃了什麼好吃的，買了什麼難吃的，去了什麼樣的祕境，看了什麼樣的風景。

某天晚上，青年旅館的工作人員準備為 Prithiv 辦一場生日派對，地點在頂樓的公共空間，身為青年旅館唯一的房客，我也受邀前往。那天大家砸著蛋糕，喝著酒，唱著當地語言的生日歌，有說有笑，酒精蔓延在屋內，暖了身體，緩了時間，一次的空檔，我走向屋外，靠著欄杆吹著冷風，試著讓冷冽的山風吹走我的昏沉。不一會，Prithiv 也走出屋外，點了他剛剛手捲的大麻菸，剛熟悉捲菸的他，手法不太靈巧，濾嘴不太密合，常常鬆動，一吸一吐間，他說他或許想到答案，可以回答四天前我的問題，「我不確定現在做的選擇正不正確，但我想人生就是在不斷的在『試錯』間，找到那條稍微正確的道路，我可不想在死去的時候帶著後悔埋葬。」

「十年後回過頭來看你現在做的決定，你有什麼話想對十年前的那個從大城市跑到山林裡的自己說？」這是在四天前的夜

Prithiv 與我

晚，聽完一首《Wild And Free》後，我無意間問他的問題，他說給他一些時間想想，之後我也忘記這件事，直到他在生日的當晚回答我，我才想起。

至此之後，那句話不時的會在我心中響起，特別是在做某些決定的時候，「大家都不想帶著後悔埋葬入土」，我們像喊口號一樣，在心裡大聲喊著，但隔天我們依然做出在未來後悔的決定，然後繼續生活。不是說在職涯巔峰時辭職才叫懂得人生，也不是說在人生倦怠時，頭也不回的到異地流浪才叫過著不後悔的人生，比起具體的行動，「不想帶著後悔埋葬入土」更像是一種態度，一個做出決定的態度，人生裡的很多東西是相對的，沒有絕對的富有，也沒有絕對的無悔，我們可以做的，是過一個相對另個決定，更不一樣的人生，然後不帶後悔的、一無所有的埋葬。

關於印度，Prithiv 寫下這段話

我對於自己的印度人身分感到驕傲，印度有著多樣性的和諧，這裡的人們對生活有共同的目標，然後以不同方式達成，不管來過印度幾次，這裡都有辦法讓你驚豔。

Ali 沿途帶我亂晃經過的寺院

6 車行老闆與他的 mountain bike

那是一間青年旅館經理推薦的機車行，聽說是當地的老字號，在沒有網路的山中小鎮，人與人的信任回到最初的原點。我與青年旅館認識的英國人 Marc 前往確認車款的選擇與價錢，進到機車行，裡面坐著一個小哥，看起來不大像老闆，態度有些冷淡，我們花了點時間在殺價，到最後我們坐在機車行裡，用著珍貴的 Wi-Fi，等著老闆回來談妥價錢。

事情像沒發生過一樣

用手機把該傳的訊息傳完後不久，老闆回來了，他叫 Ali，留著一條蓋過人中的鬍子，身形不高但些許魁武，有著一個中年男子普遍有的肚子。我跟 Ali 在機車行初次見面時，沒有太多的交流，只有租金上的交涉，與路線建議，真正跟 Ali 開始聊天，是我的機車在半路拋錨的那天，Ali 開著廂型車載著一名小哥趕來救援，回程的路上，小哥在後車廂睡去，Ali 對於我把離合器弄壞的事似乎沒有生氣，反而像沒事一樣開始跟我聊著最初目的地班公錯湖的景色，還有他自己喜歡的景點，回到鎮上前，他也帶我繞去其他地方晃晃，說著他在那裡發生的事。

回到車行，Ali 說著他會負擔修車費用的一半，還不斷的跟我抱歉，讓我的行程中斷，必須改變行程。這一切都在我意料之外，離開「秉持客人至上」的臺灣許久，Ali 的態度讓我顯得有些招架不住。同樣的情況若發生在山下的印度，多半只會招來一陣我聽不懂的碎念，然後向我索取不合理的價格，如果沒有時間壓力，可以出幾分心力與對方合理的「談價」，但如果有時間壓力，就只能摸摸鼻子花錢消災。

與 Ali 談好賠償費用後，我無所事事的坐在車行裡，有時用著斷斷續續的 Wi-Fi，有時與他聊天。他說在認識我之前，就遇過臺灣人，每年夏天，都會有一批來自臺灣的醫學院學生前來義診，雖然他不清楚臺灣是一個什麼樣的地方，但他覺得至少是一個善良的地方，那裡的人們願意跋山涉水的前來。那個晚上，我們就從臺灣開始聊到拉達克，再聊到他自己，他經營這間車行已經二十多年，在最初的時候，鎮上就只有他一家車行，隨著觀光客不斷的絡繹不絕，鎮上也開始出現一些競爭對手，不過對他的生意影響不大，他多少還能用口碑維持生意。

因為當初租車的時間是兩天，Ali 也說會提供較新的車款讓我在隔天試試，所以隔天早上我依照時間去車行取車，沿著 Ali 推薦的另一條路線前進，一路向西來回 240 公里。晚上八點我回到了車行還車時，遇到了昨天同時出發的 Marc，也遇到那總在抽菸的 Ali，他向我微笑，並恭喜我學會在山裡騎著真正的機車，他問我是不是上癮了，接著用著揶揄的口氣問我，是不是覺得騎速克達是件無聊的事，他說機車沒有了離合器就像人類沒有靈魂一樣。我聽著最後這句話，回想過去十一個小時的記憶，我沒有正面回答 Ali，只用笑聲帶過。我想離合器就像旅行時遇到的人一樣，雖然只是普通的存在，但當他們與特定的個體相遇後，創造出來的體驗，或許不會永生難忘，但也足以懷念上一陣子。

我在列城再次上癮那獨自學會一件事的快樂，在離合器的一握一放間，在踏板的一勾一踩間，我始終感謝著Ali，我拿著國際駕照，卻對換檔一竅不通，他還是讓我租車，教我騎車，我無意美化這樣的商業行為，只要經歷過那個當下，只要與他聊上幾句，就會知道，比起這筆生意的收入，Ali更想讓人知道騎著mountain bike的樂趣，還有拉達克的美麗。

Ali與我

關於印度，Ali寫下這段話

拉達克是印度其中一個地區，卻是全世界最美的其中一個地方，這裡有很多佛教的寺院，這裡的人們都很虔誠，也因為這樣他們活得很快樂。

7 丟掉手機簡單感官

沒帶手機的旅行，是一件很難想像的事，不管在熟悉的環境或者陌生的土地，除了對手機裡的應用程式成癮，更多的是手機所創造出來前所未有的安全感，是無法取代的；手機的功能越多，我們的依賴也增加，尤其是獨自在外旅行，所有日常所需都將變得不再熟悉，安全感不斷的銳減，手機上的旅遊程式也越開越多，依賴變的無所不在。

Varun 是一位在新德里工作的行銷總監，獨自一人跑到拉達克，跟大多數的印度男生一樣，他成癮於騎打檔機車這件事，租了台與他在新德里一模一樣的機車，在山間來回移動旅行。他的路線以列城這間青年旅館為基準點向外輻射，有時當天來回，有時三天兩夜。一天晚上，相同的房客們或坐或躺在交誼廳聊天著，Varun 從門口走了進來，脫掉騎車的護具，累癱的躺在地板上，那是我們第一次有機會向他搭話，不然前幾次的倉促，只夠用來形式上的問候。

我們問他今天又跑去哪裡，他說 Kargil，那是距離這裡 200 多公里遠的高山小鎮，雖然沿途的路況良好，但走走停停，又不斷問路，讓他行程有些顛頗，為了在天黑前回到列城附近的道路，回程時他不斷趕路，不然在漆黑的荒野上，找路騎車，經驗豐富的他也顯得有些沒把握，在天色暗下時，他終於趕到列城機場，雖然距離青年旅館還有大約二十分鐘的路程，但至少是有路燈的，正當大家驚嘆 Varun 的有驚無險時，我問了他：「你不是有手機可以用嗎？」

保持感官的簡單

他說每當他在旅行時，都會將手機留在家裡，這樣才能全然的感受路上的一切，得到最原始的靈感。手機或許可以導航，更快的抵達想去的地方，但也可能讓他錯過一場永生難忘的夕陽餘暉，照在那高不可攀的層疊山巒，所以他選擇帶上衣物與自己，然後旅行。打包清單永遠簡單，才能用最簡單的感官，去記住那些在路上的一切，那才是他該帶走的東西。

那天晚上，大家像往常的一樣閒聊，卻不再拿起手機來試著連上訊號微弱的 Wi-Fi，更新著距離我們遙遠的資訊。即使在隔天大家還是會恢復往常，在聊天的間隔間，拿起手機不斷的點擊滑動，對照片送出留言與愛心，對朋友送出生日的祝福，就算我也一樣。

手機讓人們安全的活著，卻讓靈魂逐漸的死去，我們不必像 Varun 走的極端，不帶手機，我們依然可以帶著手機，走向世界，我們要學的不是斷捨離，而是拿起與放下，手機可以偶爾拿起，拍照留言也好，找尋資料也罷，但要記得放下，別拿來當成回收桶，丟進那些不知道該怎麼花的時間，回收出來的只是空白還有那些不知該從何看起的資訊。別沉沒在那些資訊裡，要沉沒在眼前難忘的景色，還有與你對話的人們。

有時候很佩服以前的旅人，在那個手機只能撥電話甚至是還沒出現手機的年代，他們是如何在路上移動，以及那移動所延伸的生活，會是什麼樣子，更別說在語言無法互通的環境。時至今日，科技讓我們不斷體驗它的美好，每次的體驗都在升級，我們的感官也隨之退化，因為照片能記錄眼中畫面，所以我們拍張照就走，連將眼睛從螢幕或觀景窗上移開都沒有，頭也不回的就走，然後在朋友的聚餐中，秀出照片，討論大自然的壯闊與美好；因為網路評論旁的星星讓我們知道一個景點值不值得拜訪，所以我們只選榜上有名的建議，然後到了現場走馬看花，感受那些網路上的評論，然後回國，到處說著自己去過哪裡，說著那網路上看來的感受。

這似乎有些矛盾，但卻是文明後的副作用。

Varun 與我

關於印度，Varun 寫下這段話

沒有一個國家是完美的，我們正在打造出保有自己迷人之處，卻不被西方影響的全新印度。

8 善良不該總是鋒芒

「Hi friend, how are you?」

這是我在印度很常聽到的一句話，說話的對方多半是帶點目的性的問候，以致到了旅程的後半段，我開始麻木。但在列城，一個我以為翻越山脈與天空後的天堂，一個一點也不印度的地方，這種惱人的問候應該會被留在那炙熱的平地，就跟那氣溫一樣，但我在列城的第一個早上卻又再次聽到「Hi friend, how are you?」。

登山旺季時，Dorjay 是一名高山嚮導，淡季時他則在列城的一間青年旅館當廚子，那種負責簡單食物料理的廚子，他的名字是少數我一聽到就不太會忘的名字，可能是因為 Dorjay 聽起來跟電影《聖母峰》裡的角色 Ang Dorje Sherpa（安．多吉．雪巴）有幾分相似。

Dorjay 的英文不是太好，我們常常是用單字在聊天，唯獨「Hi friend, how are you?」是他能以再自然不過的方式說出的一句話，也是他每次看到我下意識會說出的第一句話。不像城市裡的那些生意人，只想打你主意的招呼語，Dorjay 每次的問候，看似例行公事般的語氣，但你所感受到的是發自內心的真誠。

手機與真心

那天早上，我將踏上一趟未知的機車公路旅行，啟程之際，Dorjay 從屋內走了出來，將他的一支手機塞進我的口袋，他跟我說電充飽了，需要用就儘管用。由於當地是印度的敏感管制地帶，我在山下市區買的 Sim 卡在這是收不到訊號的，只有當地人的 Sim 卡才能撥打電話。啟程前不管我對於這趟旅程有多樂觀，不管我笑得有多大聲，在出發的當下，我內心依然惶恐，一種說不出的惶恐，畢竟這趟旅程有點趕鴨子上架，Dorjay 的那支手機，無疑是當下我最需要的東西，除了能與外界聯繫，最需要的是他那份好久不見的真切關心。

很不幸的，在旅程的後半段用上了那支手機是向機車行求救，但很幸運的是好險有那支手機。其實我很感謝他，不是想刻意放大他的善良，而是捫心自問，如果今天同樣的場景回到臺灣，我不敢保證自己是否能像 Dorjay 那樣願意借出自己的手機，畢竟要出借的不是什麼睡袋帳棚，而是萬把塊的手機，不是借個幾分鐘打通電話，而是借個兩三天旅行，更別說手機對 Dorjay 來說的價值。

語言載體

旅行久了會遇到一種人，你們雖然不能用共同的語言閒話家常，但總是可以透過幾個簡單的字詞送出千言萬語，語言在當下像是一個再簡單不過的載體，乘載著所有的情緒與想法，原封不動地送出，然後等待接收。有時我會想，造成隔閡的究竟是語言還是封閉的那顆心，我們都說我們在溝通，但其實只是單方面地傳遞訊息，傳遞我們的感同身受，「聆聽」不過是在當下的表面功夫。

我在Varanasi遇到一個烏拉圭人，不諳英語卻跑遍世界，他讓我知道語言不該是放棄與這世界溝通的藉口；我在列城遇到一個拉達克人，他讓我知道語言外的交心，是多麼的難能可貴卻又平易近人。當他將手機放進我口袋的那一刻，也教會了我善良從來就不該是種選擇，也不一定要總是鋒芒，它更該是種信仰，不是好人有好報的信仰，而是單純助人的信仰，不為快樂，沒有目的。

還記得那個與Dorjay道別的下午，青年旅館剛好收到一批桌遊包裹，是老闆買來給房客玩的，其中有個是飛鏢遊戲，我跟Dorjay把標靶拆開後興奮的拿到屋外，隨手拿了顆石頭將鐵釘釘在門口對面的水泥圍牆，標靶掛定後我們開心地射著飛鏢，那是一種好久沒有過的快樂，一種跟摯友同享的快樂，你會感受到那個快樂在分享的當下不斷蔓延，上次有這樣的感覺，應該是國中下課時，大家拿著籃球衝向籃球場的時候。

那天Dorjay陪我走到青年旅館旁的計程車總站，在我與司機交涉時，也不斷的替我將價錢壓低，道別時，我與他約著，下次來到這裡，要跟著他一起爬上當地的一座6,000公尺山峰。

關於印度，Dorjay寫下這段話

印度北邊的拉達克邊界由世界兩個最高的山脈群所組成，克拉崑崙山群及喜馬拉雅山群，海拔介於9,000至14,000英尺，在印巴發生戰爭前，拉達克由Leh、Kargil、Skardu三個地區組成，印巴停火後，Skardu和部分的Kargil併進了巴基斯坦的領土。

計程車總站

幫我砍低計程車價錢的 Dorjay

9 關於海拔3,500公尺的夢想

「I am sorry.」是她對我說的前十句話，她是Puntsog，一間員工只有四人的青年旅館經理，我們倆的初次見面，非常昏沉。凌晨六點睡在櫃檯前的她被敲門聲吵醒，門外是我的計程車司機，確認有人應門後司機把我叫醒，我揹著沉重的背包與疲憊，走進大廳，大概跟Puntsog說了我昨晚露宿街頭等待早上第一班計程車來到這的遭遇後，她露出驚訝的表情之餘也不斷的跟我道歉，甚至還想幫我把行李抬上樓到我的房間。

到了房間我選了靠窗的床位，Puntsog也不斷地像媽媽一樣催促我上床休息，早上九點Puntsog特地叫醒我說早餐只供應到十點，在一個服務業不像臺灣這麼客人至上的國家旅行許久，這些舉動讓我腦中突然閃過只有在臺灣，才能感受到的那種被視如己出的對待，而這是我與Puntsog的初次見面。

每天Puntsog幾乎都會和房客一起吃早餐，大家坐在交誼廳的地墊等著高山嚮導Dorjai幫大家張羅早餐，陽光從開放式的屋頂撒了進來，那溫度就像冬日的太陽令人上癮，一口熱奶茶下肚，大家談論著今天各自的行程，然後各自起身開始自己在列城的一天。

早晨的交誼廳

Puntsog與Kunzang

重新認識彼此

機車拋錨的那天，我獨自回到青年旅館，那個晚上只有我一位房客，我帶著在市集買的一袋杏桃一如往常的走到一樓軟墊區，Puntsog坐在那檢查大女兒Kunzang的作業，因為青年旅館人力不足她必須二十四小時留守，所以Kunzang下課後只好把她接來這裡一起住。兩三顆杏桃下肚，我跟Puntsog重新認識彼此，Puntsog是拉達克人，或許因為臉孔相似，所以跟她聊起天來格外親切，有著拉達克人的善良與樂天，在第一天就交給我一個水壺，說這是青年旅館提供的，希望來這裡的觀光客可以少買瓶裝水，多喝她們每天挑回來的水，但這其實是她的點子。

等校車的 Puntsog 與 Kunzang

她出生長大的村子就在我機車拋錨的那附近不遠處，為了生活跑來列城工作；小女兒跟丈夫住在村子那附近，她帶著大女兒來列城尋個未來。只有國中畢業的她之前在飯店做過房務也做過會計，雖然現在跑來青年旅館做經理，但除了一位廚師與一位清潔人員外，其他的事都是由她負責，她的苦幹實幹與待人真誠，讓她的名字頻頻出現在她之前工作飯店的網路評價裡，讚揚她的待人真誠比讚賞房間設備舒適還多，而讓她記憶最猶新的一條評論則是：「Puntsog 是這間飯店的財產」。也因為她的善良，時常會被外來的老闆壓榨，當我語帶氣憤的追問後續結果時，她卻幫老闆緩了頰，在一個相對重視勞工權利議題國家長大的人，聽到這或許覺得不可思議，但我想這也是為什麼我遇到很多拉達克人都不太喜歡外地來的商人，因為資本主義犧牲的都是無知的善良。

夢想

關於夢想，Puntsog 用她那口與各國房客聊天練成的流利英文答道，就是開一間屬於自己的旅館，逐夢的道路就像這裡的公路，非常崎嶇，但她知道只要還看的到那名為夢想的星空，星光下曲折的道路就不那麼重要，剩下的就是在這移動的路上，是否能夠享受風景的滋潤。她說她沒想過會不會成真，但她眼神堅定的相信現在的她只要還在移動，就離夢想更近，而我也這樣相信著。曾幾何時我的人生清單也寫上了一筆擁有一間自己的青年旅館，收集著世界的靈魂交換著自己的故事，夢想本該是向前的動力，不該是阻擋的牆，而那晚過後我也重新找回當初在清單上寫下這條夢想的自己。

Puntsog 與 Kunzang

關於印度，Puntsog 寫下這段話

印度有很豐富的自然資源，也有豐富的歷史，不管是好的或不好的，印度每個地方有自己的語言、文化、生活方式，甚至是學校及家庭的教育方式。拉達克是印度的其中一個城市，這裡的人非常友善，生活方式也跟印度其他地方不同，在這裡的人大部分是佛教徒，雖然有 30%的人是穆斯林，但我們對待人的方式都一樣，我們尊重周遭的人。

10 在海拔 3,500 公尺選擇愛情

在列城的那一週，每天在鎮上逗留的差不多後，傍晚時分我總是徒步走回青年旅館，那是一段有點坡度的馬路，沿途有些小販，天色變暗時會有烤羊肉的攤販出現，那羊肉串的味道讓我想起臺灣的夜市還有生活，而我習慣在這走回去的路上，用街邊小吃填飽在海拔 3,500 公尺的胃。

Softy Corner 是在回去青年旅館路上的一間霜淇淋店，裡面除了霜淇淋外還有現打奶昔，以及那些平地就能看到的知名品牌飲料，在這樣的小店出現有些格格不入，左轉走回青年旅館前，我會在這間小店停留，點上一支折合臺幣十塊的香草霜淇淋，味道就跟印象中的香草口味相去不遠，卻給了我在列城的一段美好時光。有些東西不是沒吃過，有些畫面不是沒看過，但就在那個當下，它卻能帶來前所未有的快樂，還有從未有過的滿足，就像是列城的霜淇淋、玉山上的日出、北越山區的一場熱水澡，那些越簡單，越日常的東西，總是帶來難以忘懷的美好，因為我們從未正眼看過它們如日常般的存在。

Softy Corner 霜淇淋店

山脈隔開的愛情

那間霜淇淋店只有一位小哥在經營，我點完霜淇淋會坐在門口的板凳，與他閒話家常。一次兩次三次，漸漸的，來這不是為了手上那支沒有人不愛的霜淇淋，而是為了一段再普通不過的日常對話。小哥的名字是Neelam，他是喀什米爾人，因為工作而跑來列城，在這裡幫忙經營這間霜淇淋店，話才剛說完，他的手機就響，聽那講話語氣我也猜不出是誰，掛上電話後他說那是他在喀什米爾的女友，並順勢掏出女友的照片給我看。兩人位於北北印的東西兩側，山脈的阻擋讓交通時間無法在一天完成，高山屏障讓登山客前來攀爬登頂，卻也讓異地的戀人難以相視相聚。

Neelam也老實地跟我說，他不確定這段感情能持續多久，工作與學業讓他們身處異地，縱使在同個國家生活著，卻像在不同的時區呼吸著，下次牽起女友的手是五個月後的事。他很愛她，但距離卻讓他開始害怕，他知道這樣的距離是他們各自所選擇的結果，但他沒想到他會這樣的害怕，因為他一直相信愛情能拉近距離，愛情能解決一切，但愛情似乎被距離拉的太遠，拉到最後都快看不見愛情的模樣，現實，終究是現實，愛情，終究是個選擇。

愛情有時在你意料之外踏進你的生活，然後在你意料之中踏出你的生活，有時愛情的結束不是因為彼此不相愛，也不是因為誰對不起誰，更不是因為一場激烈的大吵，就算愛情再怎麼浪漫，終究會因為現實生活，而成為一個選項，一個與生涯發展、自我實現、責任歸屬並列的選項。它有可能是你當時的最佳選擇，也可能是最佳選擇後所犧牲的機會成本，有時愛情的結束，是因為它不是當時的最佳選擇，就算你覺得非選不可，請要記得適時的清醒，冷靜的分析，然後做出選擇，它可能不是當時最好的選擇，但不代表它永遠不是最佳選擇。

當下我沒跟 Neelam 說這些，有些事情當局者迷，或者該說只有當局者才有決定清醒的權利。我還是一樣，每天傍晚時分，飯飽一頓後，走到霜淇淋店，點上一支香草霜淇淋，跟他說著我今天遇到的事，看到的人，聽到的故事，然後聽著他說著他過去的故事，今天遇到的鳥事，還有未來會發生的任何事。我們都知道未來會再遇上對方的機率就跟這裡的空氣一樣稀薄，也正因為如此，我們更毫無保留的交換彼此的故事，取暖也好解決也罷，我們當下想從對方取得的只是一個甜筒，能夠讓我們用來裝滿那些快裝不下的心事，然後再以蓬鬆的樣子交還對方，我們傾聽，但不消化，不掩埋。

愛情在城市裡絢爛，在高山上回甘，交叉也能作用，無關背景畫面，無關高度差別，知道我後天將從列城搭車到喀什米爾，Neelam 給了我一組電話號碼，說道：「我叔叔是軍人，現在駐紮在喀什米爾，有任何困難，他可以幫助你，再見了，我的朋友。」

Neelam 與我

關於印度，Neelam 寫下這段話

印度是一個很棒的地方，我們有不同的人種，不同的宗教，但卻能組成一個和諧的國度，拉達克是一個很漂亮的地方。

11 印度對照組

她是我在第一次到印度做志工時，認識的朋友，她叫 Bhumika，當時還是一位大學生，後來從事非營利組織，致力讓世界各地的青年透過志工或者實習的形式深入到一個國家，一方面提供自己的能力，一方面將在當地的所見所學，反思內化成另一種養分，帶回自己的國家，讓影響力在未來萌芽，改變那些需要被改變的現況。

Bhumika 是屬於那種，偶爾聯絡，很久沒見，但只要見面，一樣能肆無忌憚聊天的朋友。第一次初抵印度的幾天，她時常騎著白色本田速克達，載我到處晃晃，介紹那座她成長的城市，我坐在後座，微風伴隨著我聽不懂的建築物與路名，迎面吹來，不曾間斷。換作是在臺灣，我姑且也會做出一樣的事，介紹家鄉給不曾到訪的朋友，是一件會上癮的事，無法戒除。

還記得有一次她載著我去黑市換錢，那是一間賣著盜版手錶與香水的小店，順便提供高於市場行情匯率的換匯服務，帶著換好的盧比坐上了機車後座，她問我目前在印度的心情，我不假思索的回答：「So far so good」，她沒有做出任何的回應，只露出一抹耐人尋味的微笑，然後繼續騎著她的機車，帶我在巷弄間穿梭。直到我離開前最後一晚，像其他志工夥伴離開時一樣，站在一張椅子上，向在場的大家說些話，感想也好感謝也罷，我想起了數週前的「So far so good」，不過這次我稍微修改了一下，當作結尾的話，「So far not always good, but will definitely be turned into some parts of those good memories.」

導航紀錄

兩年後我再度前往那座城市，動亂的關係，政府切斷了我們唯一能聯絡的方式，好在抵達前，她透過我們其他在印度的共同朋友，提醒我即將進入一座沒有網路與訊號的城市，後來我們用其他方式聯繫上。那天早上，她再度騎著她的白色本田速克達，在門口等我，速克達有些時間的痕跡，烤漆不再像新車一樣的白，座椅有些龜裂，但還是能載著我們製造回憶，我們以時速四十的節奏，再繞一次這座我曾經生活將近五十天的城市，經過那播過《不可能的任務》的電影院，經過那三不五時拜訪的冰淇淋小店，經過那曾經被警察攔下提醒佩戴安全帽的路口，我們沒有跑到兩年前喜歡流連的連鎖餐廳吃午餐，而是跑到另一間我很喜歡的庶民餐廳，吃著當地人味道，想著兩年前的回憶。

我有些朋友來自世界的各地，年紀相近的關係，讓我們彼此成為人生的對照組，沒有要比較，只是發現這之間的有趣。時間的推進讓我們在同樣的時空下做出同樣屬性卻截然不同的決定，念大學還是辦休學，讀主流科系還是跟隨自己的聲音，畢業即就業，或者按下暫停，去看看世界。之前看過一齣網路戲劇，裡面有句旁白，我依舊記得「所有的故事都是從選擇開始」。我們散落在世界各地，各自做出不同的選擇，然後在同樣刻度的座標上，留下方向不一，距離不等的行駛路徑，待緣分讓我們相聚相識，才會發覺其它關於人生的路徑選項，是真的可以行駛，接下來你可以修改路線，或者繼續前行，只要別忘記勇敢在路口時做出決定，評估指標不該成為鑰匙，讓你繼續前進或者原地熄火，你要做出選擇，在人生的道路上，風馳電掣。

Bhumika 與我

Bhumika 就像是我在印度的對照組，我們在某些時刻做了類似的選擇，也在一些時刻，做出不一樣的決定，我們各自生活，待下次見面，交換彼此旅途軌跡，然後下車喝杯咖啡，欣賞回憶中的美景。

關於印度，Bhumika 寫下這段話

印度是個混亂卻又和諧的地方，印度是個繽紛卻又失色的地方，印度是個恐怖卻讓人舒服的地方。印度是個天堂，縱使有些小惡魔在裡面；印度就像是一間完美的自助餐，在這你會得到一盤盛著各種不同的菜，你會很難抉擇該從哪道開始吃起，但最後你還是會滿意的飽餐一頓。

12 信仰的溫柔

她是一位喀什米爾的婦女、虔誠的伊斯蘭教徒，是中學生物老師、道路工程師的妻子也是我朋友的母親，我總是喊她一聲「阿姨」。

第一次見面是在三年前的喀什米爾，當時我與朋友J在行程都沒確定的情況下，倉促的前往喀什米爾，唯一確定的是前往的班機時間，最後因為火車的延誤讓我們錯過飛機，折騰一番後才順利搭上當天最後一班前往喀什米爾的飛機，抵達機場後不見朋友父母的身影，反倒是一張牌子吸引到我們逐漸疲憊的視線，上面寫著我們倆的英文名字，上了車後從司機的口中才知道，阿姨與叔叔因為工作的關係無法請假與我們見面，於是包了輛計程車請司機帶我們四處晃晃，而這是我再一次的，在異地被當家人般的真心對待，儘管我們的關係是素昧平生。

真正見到面是第二天的早上，我與J起床後揹著背包搭著小船離開船屋，阿姨與叔叔早已在湖邊等著我們，他們是一對很可愛的夫妻，生了兩個孩子，阿姨在夫妻間扮演那比較外向的角色，負責聊天，負責歡樂，叔叔則比較內斂，喜怒不形於色，詮釋著默默支持與關心。那天他們帶著我們到處走走，到山林裡喝著熱茶與咖啡，到溪水邊爬上倒下的樹幹拍照。對於三年前那二十四小時的真心對待，我始終記著，始終告訴自己他們沒有必要也無須這樣，但正因為他們無私的敞開雙臂，讓我的旅程多了些溫暖的微光，而我也持續將這溫暖傳給周圍的人們，讓這份微光不滅，照亮世界，照亮我們不再溫暖的心。

回國後我持續與阿姨聯絡，有時的文字內容是普通的問候，有時則是關於當地被印度軍隊鎮壓的傷亡人數，於是這次我再次從旅程撥出幾天，前往喀什米爾，就像探望親戚一樣的前往，只是路程有些顛簸，距離有些遙遠。

阿姨與叔叔

重回故事現場

兩年後，我一樣在第二天才與阿姨叔叔在我下榻的旅館碰面，選擇在當地住過一晚再拜訪他們，不希望自己臨時的拜訪打亂他們原本的生活，也想順便在當地一個人晃晃，這次在當地待了將近一週的時間，有好多的時間，可以聽著他們說著過去的故事，過去發生的每一件事，坐在一片花園的草皮上，聽著他們說著過去每年都會在春天來此與親戚野餐的事；走在阿姨就讀的大學校園裡，聽著她學生時期的夢想；坐在達爾湖邊的長椅上，聽他們說著湖裡的生態如何被人類丟棄的垃圾破壞；坐在家裡的餐桌上，聽著他們說著關於印度新政府如何食言的壓迫當地的喀什米爾人；走在當地一座傳統市場裡，聽他們說著自己最愛的一日三餐；走在當地一座清真寺裡，聽他們說著喜歡來這禮拜的原因；坐在當地的中國餐廳裡，聽他們說著叔叔曾經發生的糗事，坐在他們的車子裡，聽他們說著……。

有天晚上我們在外面吃完飯後，阿姨臨時想去一間清真寺作禮拜，叔叔坐在車上等著，我與阿姨下車走往清真寺，替她提東西坐在寺外的石梯等著，我看著那被燈光照亮的清真寺，以及不斷進出的人們，就算這裡再怎麼被世界忽略，就算這裡的人再怎麼被軍隊不公平的對待，宗教依然扮演著它最初的角色，給予寄託，撫平人心，在每天早晚的禱告聲中，在那虔誠的跪拜之間，我看到了信仰的溫柔還有那不可替代的存在，它是多麼的飄渺，卻真實的作用在人群之中，我還未找到我真正想要的信仰，或許它是個宗教，或許它是個行為，或許它是個價值觀，不管形式為何，都不重要，因為重點是在我們的心裡，有百分之幾的虔誠，有百分之幾的真心。

阿姨、叔叔與我

關於印度，阿姨寫下這段話

印度是個不錯的國家，但它對於喀什米爾的政策卻不友善，現在的印度不像第一任印度總統那樣的保障喀什米爾人的權利，印度是個發展很快的地方，但對於女性依然不是個非常安全的地方。

13 多一點的自信也很美麗

費了一番心力，總算來到了旅店，礙於還在敏感地區，手機依然沒有訊號，想要與世界重新連結，Wi-Fi 是我唯一的支點。在櫃檯 check in 後，一位年輕的小哥突然出現，跟我寒暄了幾句並自我介紹說他是這間旅店的老闆，雖然我不怎麼相信，但也無心懷疑，因為當下我唯一想要知道的是印度到底發生了什麼事，讓所有前往我下個目的地的火車全部停駛，甚至是公車，而 Wi-Fi 密碼是解答的關鍵。

旅店老闆二十一歲

那是一棟有天井設計的建築，建築的前半部是旅店，後半部則是旅店老闆居住的房子，或許我是那陣子唯一的外籍房客，也或許我所在的城市不是一般外籍遊客會停留觀光的城市，所以年輕小哥不斷與我攀談，除了自我介紹，也不斷講解他對於這間旅店的未來藍圖。他是 Anubhav，二十一歲的經濟系大學生，平時除了上課外就是經營這間老舊的旅店，而這也是他的興趣。

當天晚上在連鎖比薩店吃完晚餐回到旅店，Anubhav 請我到他的辦公室坐坐，其實就是間有著一張桌子與一台筆電的房間，沒多久他的姐姐也來到房間工作，他的姐姐是位牙醫，因為動亂的關係提前回家，得知我今夜會在這過夜的原因後，他們開始幫我計畫明天最快離開這裡的方式，在閒聊中我們慢慢擬定好明天的各種計畫，我也在這場閒聊中更認識了這位年輕的旅店老闆。

雖然因為動亂的關係讓我來到這座城市停留，但也因為動亂的關係，讓我停留得匆忙，時間讓我沒辦法釋放感官，去記錄當下的一切。雖然跟 Anubhav 相處的時間極短，但不難看出，這間旅店對他的意義，每一次跟他的對話，其中的某些部分內容一定會繞回如何行銷旅店的話題，他總是在思考該怎麼曝光這間旅店，讓大家知道這間旅店的好。

對於理想的驕傲

長時間跟印度人打交道，不難發現一件事情，就是他們對於理想的熱情是隨處可見的，並且對於自己所堅持的理想感到驕傲，哪怕是一間五星級飯店或是一家路邊理髮攤。雖然我不是很確定，但就我的感覺，那股驕傲感並不會因為是五星級飯店而溢出，也不會因為是路邊小販而乾涸，或許對於他們來說，擁有一份自己的「事業」，是件很酷的事。因為你是自己的老闆，因為你的努力自己看的見，上述的現象，都是我的觀察加推測，我並沒有問我當地的朋友如何解釋這個現象，因為我喜歡他們那股驕傲的感覺。

每次他們在我眼前胸有成足的介紹自己事業，大部分的時候，只要我在時間上沒有任何的急迫，我都會靜靜的聽他們說。不是我真的對他們所講的東西感到興趣，吸引我的是他們當下驕傲的自信，我們從小到大被教育著要謙恭有禮，越飽滿的稻穗會垂的越低，但相對的它也更被容易忽略，謙遜依然是件好事，只是我們或許該思考謙遜在人生中的比例。

Anubhav 跟我說，他正在將學校所學的想法應用在管理間旅店上，希望未來這間旅店可以連鎖到印度各地。跟他相處的那幾個小時，雖然有時會聽到天方夜譚的想法，或者天真爆表的評估，我從未插話或給出建議，因為他的自信無法讓我移開注意，不是太過膨風，而是因為他打從心底熱愛且相信這件事的發生，那種來自內心的油然而生，已經好一陣子沒有見過，上次感受到應該是在小學，大家說著未來想做什麼的時候。

我從 Anubhav 身上再次發現，多一點的自信，其實也很美麗，謙遜，不用那麼常攜帶出來，因為我們有時候也需要一點美麗。

Anubhav 與我

關於印度，Anubhav 寫下這段話

印度是一個快速發展的國家，印度有些城市非常值得一去，像是孟買、果亞、德里、昌迪加爾等，在這些地方有太多值得去看的東西。

14 健行時遇上了十八歲時的自己

那天在Manali的下午，我揹起背包帶上相機，開始走上一段在當地每天都會走的一段健行路線，那是一條未被開闢的路線，沿著溪谷上切，路跡時而明顯，時而需要自己開路，據沿路上的居民說，一直沿著溪谷走上七天，就會抵達200多公里外的Dharamshala，對於這些交通工具尚未發明前的「通勤路線」，我始終帶著敬佩的想像，希望能夠走上一趟。

那天回程時，我在遠處看到一位少年倚在一顆大石頭旁，靜靜的看向遠方的樹林。這是我健行幾天來第一次看到放牛以外的人來到此，我主動搭話，若有所思的他並沒有展現印度人那對於外國人的好奇與興奮之情，取而代之的是那平淡的問候。

他是Vipin，當地的高中學生，爸爸在舊城區的街上開了一家英國麵包店，他下課後沒事時都會獨自一人跑來這裡，想想事情，發發呆，這樣的日子是在都市生活的我很難想像卻一直嚮往的畫面。

沿著這條河谷上切，會抵達西藏流亡政府所在地

過來人

Vipin 講話時有種超齡的成熟，感覺他講的一字一句都是思考過的，或許「成熟」對於那些從小就幫忙家裡分擔生計的孩子來說，比青春痘還早報到。至於令他若有所思的煩惱，就跟當時高中的我一樣，對於念書不大感興趣，對於未來有著想像卻些許模糊。他跟我說他的哥哥在山下的大城市念大學，他高中畢業後也想到大城市念工程，只是不知道現在高中的所學，對於未來有什麼實質幫助，他想不到也看不見。似乎又遇到一個不安於體制的靈魂，正在試著掙脫束縛，但對於所追求的自由卻有些茫然。

身為過來人的我，顯得有些無能為力，十八歲時的我，不斷的想衝撞體制，但在社會的環境與輿論的環繞下，只能將行動化為思緒，提醒著自己在未來時，不要讓環境選擇了我們來順應，更不要鼓勵人們隨波逐流。部分的大人們，總是在時間的更迭中，不管找到解答與否，默默地去合理化一些自己當時面對的困難與無奈，好讓子女晚輩們能以一種默默接受的態度去面對同樣的困難與無奈。

對於 Vipin，我無法給出繼續讀書外的建議，因為我未曾嘗試，無從得知，更別說我們生長在不同的環境，面對不同的教育體制。我只能給出自己十八歲時的思緒，不添加任何長輩般的合理化，不扭曲事實的真相。我告訴他我還未找到他要的解答，成長這段路上，總是會伴隨著幾分歡樂幾分無奈，你可以記得歡樂，不能忘記無奈，在未來的某些時分，或許你會想通令你十八歲時無法開懷大笑的問題，在未來的某些片段中，你可能會遇到問上你同樣問題的人，可能是你的小孩，也可能是你在世界某地健行時遇到的少年，給的答案不正確沒關係，無愧於心就好，這樣才對的起「過來人」這個身分。

當天晚上，我準備從舊城區走回另個山頭的住處時，經過英國麵包店，遇到了Vipin，他請我坐上他的機車，搭一程便車。夏日晚上的涼風，在2,500公尺處顯得更加舒爽，兩分鐘後我到了平常需要走上十分鐘的住處，那天是我在Manali的倒數第二晚，我與Vipin相擁道別，也與十八歲時的自己相擁道別，期待下次再見。

時間在我們歲數上動了手腳，帶走一些回憶，也帶走一些思緒，速度不是太快，但屬於那個年紀的事總是很多，於是我們創造了很多無暇他顧的空隙，讓時間趁隙而入，不管時間如何倒轉，我們還是會遺失一些思緒，與其檢討遺失原因，不如時刻想想被帶走的是什麼東西，試著找回，與現在的想法對比，看要好好保留，或者加以更改。

關於印度，Vipin寫下這段話

印度有很多的神，但同時也有很多腐敗和歧視；印度有很棒的自然風景，但同時也有汙染，大部分的人在路上或河邊亂丟垃圾，但隨著國家的發展，人們開始改變這樣的習慣，印度也是個非常迷信的國家，階級制度在某些地區還是存在，但印度還是一個很好的地方，我愛印度。

在寫印度印象的 Vipin

Chapter 2

印度之外—關於在印度旅行的人

1 旅伴這件事

對我來說，一張好的照片，可以是畫面構圖完美，可以是參數設定正確，但如果背後有它能說的故事，那會更值得收藏，旅伴也是一樣。旅程可以自己走，也可以與人並行，自己走可以很自由，可以在離開一座城市前的晚上臨時多待一晚，可以整天躺在飯店的床上，就算前天已計畫好行程，這是一個人旅行的好處，非常自由，回憶也如期的完美。但如果今天與旅伴同行，與一位磁場相同的旅伴同行，之間那相吸的磁場就算沿途的路況再怎麼顛

我們的夏日移動

我們揹起相機且走且停

簸，也不會有絲毫的位移，那這絕對能讓那段旅程，更值得放入回憶的美好夾層中。

Timo 是我在香港的一位好友，我們喜歡拍照喜歡旅行；那些我們知道的國家，那些我們連國旗也認不得的國家，都有他曾經的身影，臺灣的單車環島路線也有他的背影。在我第二次出發去印度之前，他也決定跑去印度一探究竟，我們約在印度碰面，各自留了旅程的前半段與後半段連接重疊，然後走上一段路程。

這次在印度碰面前，我們分別在臺灣和香港碰過幾次面，那時的我們，角色不斷在一來一訪間替換，他帶我去中環的大排檔，我帶他到永和的豆漿店，他帶我去拍廟街，我帶他去拍松菸，我們在彼此的城市、穿梭、逗留、敘舊。每次道別後，我們總是有一方走在熟悉的道路上回家，我們從未一起旅行，只有一起短暫移動，所以這次我們在陌生的城市，進行一場夏日移動。

再次重逢

我在 Timo 的旅程尾聲前抵達印度，一天早上起床，發現隔壁床的上鋪是他的身影，他在當天清晨中抵達，幾個小時前的他還在 1,000 多公里外的列城機場等待起飛，在這不熟悉的城市，有個熟悉的朋友，陪我走上一段一開始的路，對於印度，如此二訪，我不再這樣慢熟。

接下來與他的這段旅程，遠比我想像的還要難忘，我們很少做細節規劃，決定好幾座前往的城市，然後上路，揹著相機，帶著行李，且走且停。從 Jaipur 向西至沙漠，從沙漠向東南東至藍城，我們被烈日追著跑，然後曬出歡笑；我們在 Jaipur 的古堡飛空拍機，接著被警衛包圍專車載送；我們在 Jaisalmer 參加沙漠過夜團，然後被暴雨趕了回來；我們在一間吃到飽餐廳被邀請進廚房，檢查環境衛生。這些回憶的製程當下，有酸甜，有汗水，有苦辣，有微笑，我們不會再記得狼狽地上過幾次巴士，不會再記得淋過了幾場差點或者注定取消行程的大雨，風雨過後，狼狽總會變成回憶，訴說的時候，少了當時溢出的無奈與憤怒，多了當時沒有的歡聲與大笑。

在認識他之後，在這趟旅程之前，我從沒想過一個對的旅伴，可以讓整趟旅程的每個當下，都是如此的剛好，我們在巴士間來回，在每一台的嘟嘟車裡穿梭，我們不常逛大街，大多巡小巷，沒有誰遷就彼此，沒有誰的行程需要被配合，我們做自己，不礙到彼此，旅伴的魅力，我在那時才懂，兩個人走，不一定比一個人走的更遠，但絕對能走向不同的方向。

或許我們沒看到那在黑夜的沙漠裡，那靜謐無聲的大地，是如何被滿天的星空，照出光年的浪漫，但在離開的巴士上，我們用著喇叭播著我們年代的歌，窗外的風是如此的隨意，吹亂了我們的頭髮，吹走了徬徨，我們大聲的唱歌，旁邊的人看著，然後哼著，最後他們當成背景音樂的聽著，我們依舊唱歌，直到播放清單到最後一首的《笑忘歌》。我看著窗外，天空很高但風不清澈，粉塵夾雜著回憶，不斷的進出，我只能繼續唱歌，繼續呼吸，感謝緣分，創造了這段驚奇的相遇，然後將它放進回憶的美好夾層中。

關於印度，Timo 寫下這段話

印度除了那聲名狼藉的稱號和給人的印象，在某些時候，它還是會用自己的方式讓你愛上它，印度人時常問外來客的國籍，跟在嘟嘟車的旁邊，向你兜售不值那個價錢的旅店床位、套裝行程和紀念品，他們大多的目的不是要傷害我們，只是想提高賺取的利潤。我可以用我自己的經驗推翻印度在媒體操作下的形象，這裡值得被更多人注意，如果你有時間，預算絕對不是問題，花個一週或兩週的時間拜訪 Incredible India。

寺廟的外圍走廊

2 關於路上的那些道別

來到拉達克前，我一直計畫著租台機車，一路騎到班公錯湖，不過那路程的公里數始終讓我有些擔心，畢竟過去的人生移動路徑中，還未以機車在一天內移動這樣長的距離，更別說對打檔機車的一竅不通，還有那對於未知路況的想像。

在列城的第三個早晨，房間住進了一個英國人，簡單寒暄後發現他也計畫前往班公錯湖，只不過他希望以包車的方式前往，所以在接下來的二十分鐘裡，我試著說服他打消包車的念頭，最後在一句「不騎你會後悔」的結語下，他決定與我同行。他叫Marc，跟我一樣主修經濟，學制的不同，他已經畢業，在銀行找到了一份不錯的工作，我們在列城一起晃了兩天，到處吃著藏在市區裡的平價餐廳，到處找著當地最好吃的冰淇淋店，最後在租車行斜對角的一間奶昔店，找到那讓我們決定再來一支的香草冰淇淋。

出發前的一天，我們坐在一座寺廟的外圍走廊，曬著太陽，聊著關於我們擁有的角色，父母的孩子、手足裡的哥哥、上路的旅人、經濟系的學生，我們聊了好多好多，直到太陽西下。

趕鴨子上架

隔天早上，我跟 Marc 帶上裝備，上了各自的機車，在加油站用一公升的寶特瓶買好兩桶備用汽油後，開始了我們的旅程，昨夜幾次的換檔練習，我以趕鴨子上架般的心情，跟在Marc 後頭。對於左手的離合器，還有點不適應，本該是煞車的鐵桿，現在變成前進的握把，配上左腳的踏板，時而上手，時而熄火，好在市區的車輛速度不快，熄火了數次，只招來幾聲喇叭。

一路上我不斷體驗趕鴨子上架的心情，也不斷的祈禱能成功抵達湖邊，不過這次好運似乎沒有跟的太緊，在一段我完全無法駕馭的陡上路段，離合器終於投降。我愣在原地，Marc 在前方停下，以為這只是我其中一次的上坡熄火，沒想到在一位後方騎士停下查看後，判了我的旅程緩刑，Marc 歇斯底里的摸著頭碎念著，我冷靜地拿起青年旅館廚子借的當地手機，腦袋卻一片空白，不知道該打給誰求救，手機也處在沒有訊號的狀態。最後，我將機車停好在路邊，Marc 騎著機車載著我回到上坡前的一間民房，嘴裡念著要我坐好，因為這路況連他都有點難駕馭，更何況後坐還載著人。

在那間民房裡的婦女幫助下，我們連繫上了車行，坐在後院的地上，我們喝著民房主人招待的果汁，對於這突如其來的狀況我始終還未回過神。「不拍張照嗎?」Marc 問道，接著他便拿著相機對這眼前的山谷農田拍上幾張照片，他不再歇斯底里，反而帶點無所事事的語氣說：「以後回想起這段回憶一定會瘋狂大笑。」我聽著這句話要自己冷靜，享受當下時分，拿出本該在湖邊紮營用的喇叭，開始播著音樂，坐下來吃著本該在二十公里後才要打開的餅乾當午餐。

道別

兩個小時後，還不見道路救援的蹤影，我送走了Marc的背影，縱使我們一起旅行，但終究是兩個獨立的個體，彼此的移動不為誰牽動，一小時後我連人帶車的被載回鎮上，隨著時間的過去，我不斷在整點的時候想著Marc可能正在做的事，希望讓我的補償心態更為立體。

隔天早上我騎著機車往反方向前進，晚上八點回到車行還車，剛好遇到也在還車的Marc，我們相擁然後走到租車行斜對面的奶昔店，像以往一樣吃著香草冰淇淋。Marc笑著跟我說：「你最好別問我在湖邊的事，不然你會後悔。」他緊跟著說：「我昨晚看到了三顆流星，是我這輩子看過最清楚的三顆。」我露出羨慕的眼神，但我知道那趟被取消的旅程，最期待的不是那滿天的星空或可遇不可求的流星，我期待著夜晚在湖邊紮營生火，有個人能在旁邊暢所欲言，有個人能一起享受當下時分，讓當下回憶的份量能夠以乘以二的方式儲存，以乘以二的方式外帶。

送Marc搭車離開的那個午後，心頭上的某處又再次空蕩，我一樣走著當天的行程，到咖啡廳用著電腦打了些字，回了些信。在旅行的路上，我漸漸地學會好好說再見，一個擁抱，一次道別，一句祝福，一聲再見，不管何時，或者何地，時間拉成一條線後，就能看見下次的相遇，只要你曾經這樣相信。

民房後面的山谷農田與拍照的 Marc

Marc 與我

關於印度，Marc 寫下這段話

我來印度接受文化衝擊的洗禮，德里完全達到我的心願，前往 **Varanasi** 的過夜火車是個很好的體驗，讓我見識到了貧窮和隨地的垃圾。我訂了最後一班的飛機來到列城，這個很不像印度的地方，上面的人們非常有趣，是我整趟旅程中的特別回憶，每個人一生至少要來印度體驗一次。

3 比自拍照更迷人的事

我撐著傘前往在Manali每天都會拜訪的德國麵包店，在那段時間裡，我與一位以色列人及一位瑞典人幾乎快變成麵包店裡固定的畫面，那天抵達麵包店後，熟悉的環境多了位不熟悉的面孔，他是Omri，跟Manali眾多西方臉孔的旅人一樣，來自與當地氣候完全相反的以色列，他給人的第一印象，會讓人想主動打聲招呼，全拜那張屬於慈眉善目的臉孔所賜。

幾天過後，Omri漸漸的加入了麵包店裡固定的行列，他大多在接近中午前，才會帶著一張半睡不醒的臉，來麵包店報到。在我們時常吃飯的尼泊爾餐廳裡也開始有他的身影，接近傍晚時分，也常跟著我們在陌生的路線一起健行，他不太常主動開口聊天，大多時候是在話題聊到一半時，才會加入其中，然後以他獨到的幽默感，賦予每段談話意料之外的笑聲。我在Manali的幾次開口大笑，都發生在Omri的某句話之後，更別說在酒精的催化下，那渾然天成的幽默感，變的更加純熟，令人無法招架。

每次健行時，他總是很有活力的跟在後頭，不管天氣多糟，路況多崎嶇，走錯幾次路，他每次抬頭都會露出一貫的笑容，或許是逞強所做出來的防備，又或許是打從內心的快樂，我每次在心裡總不斷的在做些沒意義的猜測。直到有一次的健行，在接近尾聲時我跟在他旁邊，先以一些稍沒意義的內容開啟對話，充當主要對話前的緩衝，待時機成熟，毫無保留的一次道出，我一直以來好奇的問題，試著從之前的猜測中，得出一些答案。

旅行無關風景

他跟我說，他在以色列服完役後，就開始旅行，就跟大多數的以色列大學畢業生一樣。印度不是他旅行的第一個國家，卻是第一個讓他吃足苦頭的地方，他迷路了好幾次，被騙過幾次錢，腸胃舉過數次白旗，但他仍想繼續在印度旅行，所以每每在印度某個地方停留，遇到同是在旅行中的人，頻率又相同，他總是很開心。因為要在這塊大陸上，遇到這樣的人實屬不易，所以每一次與我們行動，不管是在尼泊爾餐廳吃著炒麵飯，在麵包店裡發呆下棋，在深山裡沒有目的地的健行，在舊城區的路邊喝廉價咖啡，他都非常開心，這是他喜歡上旅行的一大原因，無關風景，無關行程，而是在風景前遇上的人，在行程中認識的人，然後與他們產生對話，找出一些共鳴，變成朋友。

關於在旅行的路上交到的朋友，大致可以分成幾種：一起經歷過某場悲慘體驗、曾經幫助過對方或受到對方的幫助、因為一次不期而遇的對話產生共鳴、曾經在路上一起走上一段旅程。這些看似普通的原因，或許在自己原生的國家環境下，不一定每次都能交上朋友，但正因為「異地」這個環境的催化下，讓所有發生的原因都變的難能可貴，我們更在意對方的一言一行，放大自己所有的感官知覺。

我與Omri之間的認識可以歸類到一段不期而遇的對話，雖然不到產生共鳴，但仍舊開心認識彼此，旅行的路上，有太多的事比去追求一張完美的自拍照還值得去做，像是認識朋友，或者開啟一段最簡單的對話，對話內容或許會被遺忘，朋友間的友情可能被距離稀釋，但這些東西終將成為我們畢生的珍藏，不像大多數的照片，在與朋友分享完，證明自己的到訪後，就被埋藏在記憶體的深處，隨著裝置的替換，消失在宇宙中。

Omri 與我

關於印度，Omri 寫下這段話

在印度旅行了數個月，大部分的經驗都是好的，這裡的人很友善，很真誠也很好客，有時讓我無法招架。這片大陸最讓我難忘的就是它的多變，不管是風景、文化、食物、語言和人種，在這的每一天都很有趣。每一天的變化都不在計畫之中，不管是好事或鳥事，如果你有個開闊的心，對任何事都保有彈性，那我非常推薦你來拜訪這神奇的國度。

烏拉圭來的 Daniel

4 化簡後的出發

在 Varansi 的第二個早上，我跑到青年旅館的頂樓，吃著早餐打著文章順便收信，同房的 Daniel 接著也上來頂樓，點了杯 Chai 後，就開始捲他的大麻菸，我文章打到一個段落，他突然用幾個簡單的英文單字配上手勢，問我有沒有事，想請我幫忙一起捲大麻菸，我端著那杯只剩一口的 Chai 過去，開始「幹活」。

世界有多大

Daniel 來自烏拉圭，在他烏拉圭的家裡後院，有三株大麻，兩株是他的，一株是他妹妹的，他用一種再輕鬆不過的語氣拿著一搓大麻葉跟我說，在烏拉圭每一個人都可以合法種植大麻、購買大麻。吸吐間，我們交換著彼此來印度的原因，他想出來看這世界有多大，所以先跑到美國旅行了半年，然後聽說印度是個很不一樣的地方後，訂了張機票就跑了過來。聽著他旅行的故事，中間有多處停頓，不是忘記了故事內容，而是不知道該怎麼用英文去表達。打從我們的對話開始，Daniel 所使用的單字就不斷地重複，我一直覺得英文在旅行這道料理中，不如鹽與糖的重要，它所扮演的角色是提味用的香料，能讓人更融入在當下的環境中，提升回憶的厚度。但在跟 Daniel 的談話中，我腦海裡不斷去思考他是如何以這樣的英文程度去闖蕩這世界的，闖蕩遍地英文的美國、闖蕩英文不太通的印度，他無法講出完整的句子去表達，只能以零星的單字配上手勢溝通。

剛寫完印度印象的 Daniel

迴盪很久的一句話

我隨口問了他是如何鼓起勇氣出發的，他聽不太懂我的問題，所以我用更白話的方式詢問他：「你知道你的英文很不好，那你怎麼敢出來旅行？」他笑了一下後回答，而他的答案在我心中迴盪了很長一陣子，「我知道英文無法溝通，我還是能用我的手、我的臉部表情去溝通。」聽完的當下腦中好像有什麼事情想通似的，同時有一絲絲的慚愧在心中的某一處開始蔓延，為什麼我會去預設立場審視每個人應該以怎麼樣的方式去做一件事，旅行這條路上，英文好像不是必須，但卻常常被我們包裝成一道解決不了就無法跨越的障礙，人生本就不是一張有標準答案的考卷，每道問題一定有它背後的困難與考驗，但克服與否不該是決定是否往下一題邁進的條件，因為它終究只是考卷上的其中一題，不是唯一一題。

Daniel 回答問題時，當下的堅定讓我想起出發前的自己，曾幾何時，我也不顧外在環境的反對與內在聲音的質疑，揹上背包出發，我們都知道關於那些出發後的機會成本以及需要負擔的潛藏風險，但去計算這些風險成本，並不會讓未來過的特別順遂，得到的只是可以參考卻不會照劇本走的選擇。有些事情其實並沒有那麼難，有些夢想其實沒那麼遠，障礙的出現是必然發生的場景，但很多時候的我們，都把它預設成通往下階段場景的大鎖，找不到鑰匙我們就停滯不前。抱怨自己也好，埋怨運氣也罷，我們從沒想過是不是有其他方式前往下階段的場景，我們也都沒想過，或許我們要的從來就不是那把鑰匙，而是一個最簡單的東西，叫做「出發」。

我在聖城Varanasi，看到生與死在萬物上的交界，也看到新與舊在時代下的調節，我搭了三十小時生不如死的火車，帶著新舊相交的靈魂，來到聖城，不為那生命的儀式，也不為那莊嚴的河流，我在城市一隅，洗滌心靈，篩出了最真的自己，然後加以存放，因為我知道，出發的時候，我必須帶上自己。

Daniel 與我

關於印度，Daniel 寫下這段話

剛來到這個國家我有點迷茫，但印度教會我的是不要對第一印象做任何的批判，在這裡的每個角落，人們都是很樂意幫忙的，在這有組織的混亂中，有滿滿的人情味，內心也因此平靜，這是一段一生一定要有的體驗。

5 換檔技巧

在列城的第一天早上，我與Jeremy上了一位西班牙女房客叫的計程車，搭了一趟便車到市中心，然後道別，午餐過後，我獨自晃到市區上方的皇宮，那是一座十七世紀的建築，我在一座平臺上看到一個熟悉的身影，是早上同車的Jeremy，打聲招呼後我們約著晚上在一間餐廳吃頓晚餐。

Jeremy有種沒有距離感的氣質，找他聊天不用擔心會得到冷淡的回應，說著一口腔調有點重的英文，頭上白髮的數量與他的一言一行兜不太起來，他是一位創業家，做的是建築物3D感測。他的家鄉位在印度洋上的一座法屬小島，這次他利用特休假的時間到印度旅行，喜歡大山的他，特地舟車勞頓的前來列城，希望能在這租輛機車，馳騁在法國從未有的高山公路，回到青年旅館後，看到他拿出自備的騎車護具，顯然有備而來。

在列城的那幾天，Jeremy大多在早晨時分就步出青年旅館大門，踏上他租來的500c.c.打檔機車，開始一天的行程。每天見到他的時候，不是在市中心上巧遇，不然就是傍晚時分在青年旅館的交誼廳碰面，幾天之後我與另外一位同房的英國人Marc決定要自駕前往班公錯湖，在我們的邀請下，Jeremy也加入了我們，只是在出發當天，他會先去機場接他另一位朋友，然後與我們在湖邊碰面。

與 Jeremy 一言一行兜不起來的白髮數量

那天下午我與英國人 Marc 到租車行租好機車，老闆簡單教了我們打檔方式後，我們就跟蹌的一路騎回山坡下的青年旅館，幾次的熄火後，我們抓到了些微的訣竅，Marc 因為在英國開手排車的關係，所以很快就上手，至於我這個在租車前就不斷納悶離合器為何存在於世界的人，上手的速度比夕陽落下還慢，加上租車的前幾天，山上的 Wi-Fi 幾乎是以裝飾般的存在，這更讓我無從在網路上尋找那些關於新手需要的技巧跟指南。

在市區皇宮遇上的 Jeremy

新手需要的技巧

當我從山坡上的機車行騎到山坡下的道路時天色已暗，距離青年旅館還有一段約莫500公尺的柏油路，那是一條沒有路燈的公路，夜晚幾乎沒有車輛會行經，但四周漆黑的程度讓再次熄火的處境顯得更加緊張，就在一次我嘗試慢慢鬆開離合器時，Jeremy不知道從哪裡騎著他的機車過來救援，停在我的旁邊大概知道我的窘境後，他告訴了我一句話，那句話正是一個新手需要在網路上尋找的技巧或指南，「想像一下離合器與油門是毛巾的兩端，同步的旋轉與釋放才能起步」，至此之後，我逐漸上手，唯一後悔的是，隔天出發前忘記詢問他關於上坡起步，這個新手必死的重生訣竅。

那個在公路上熄火並被救援的晚上，是我與Jeremy最後一次的見面，隔天弄壞離合器後，我回到列城走著自己的B計畫，原本打算後天晚上在青年旅館的交誼廳碰面，但在回去時的晚上，他早已入睡，隔天清早他帶著行李無聲地離開，只留下了還在熟睡的我，及他那有備而來的騎車護具。

旅行有時就是這樣，在你最需幫助的時候，大多時候會有人願意伸出他的手，帶你從水深火熱逃離，當你想要好好跟他說聲謝謝時，他卻在你無意間離開了你的旅程，而那句未脫口而出的感謝，只能留存心底，然後想辦法保存，直到下次見面時，原封不動的取出，提交出去。這是旅行，也是人生，我很感謝他當初的救援，讓我接下來約100公里的路程，騎得上手，也讓我漸漸愛上那一踩一勾的換檔樂趣。

關於印度，Jeremy 寫下這段話

印度讓人又愛又恨，恨的是當你是外國遊客在這旅行，會遇到不少人向你兜售東西，死纏爛打的程度會讓人無奈，但讓我愛上印度的是它的古蹟、總是幫助我的人還有自然景觀跟那片天空。

6 冒險的風景

衝動的產生常常摻雜著感性，而那感性可能源自對生活的不滿，或者單純個性使然。

我在列城的第一個早上被房間的窸窣聲吵醒，那聲音是來自隔壁床的室友，我刷了牙到樓下的交誼廳坐著，其他四位背包客也一一出來吃早餐，用完餐後我和 Jeremy 搭著另一位西班牙女生叫的計程車到市區，問了另一個法國男生不要加入，他說他喜歡走路，接著大家各自開始過著自己的一天，那天傍晚我從市區走回住處，坐在樓下休息一會，不久那個早上走路去市區的法國人也回來，他跟我說的第一句話是「走回來很舒服」。

他有個非常讓我記不得的名字，不是因為太多音節或拗口難念，而是很難與他的長相兜在一塊，他叫 Vivien，印象中是女生的名字，因為以英文發音方式來說出法文的名字，顯得有些違和，他跟我在同一天晚上抵達列城，只不過我是在深夜抵達，當天晚上他早已睡在溫暖的床墊上，我則是穿上包包內所有的衣服坐在街上，試著在低溫中睡去，天堂跟地獄大概就是這種差別吧！

Vivien 為了爬山而來到列城，這裡有很多 6,000 公尺的高山，他想爬其中一座，正當我以為他打算報名一般的商業團，他下一秒就說他要獨攀，一開始以為他在開玩笑，看了他在房內行李的裝備，獨攀似乎是天方夜譚，但他卻很認真的再跟我說了一次，他要去獨攀，因為嚮導費遠超過他的預算。

Vivien 是個英文不太溜的法國人，他的說話頻率非常一致，就算是講到令他興奮的事也一樣，他說他打算跟著其他商業團的路徑走，如果太冷的話，他會把所有的 Tshirt 穿在身上配上一些外套，他的計畫看似縝密卻不合理，就跟兩天後的我一樣，第一次騎檔車，第一次在未熟悉的情況下去做一件從沒做過的事，人類能夠繁衍到現在，是因為我們的大腦能思考如何避開危險並延續生命，或許當下看似愚蠢無知，但也因而讓我們在路上看到的可能是不同的風景與更好的自己。

冒險已經死去

冒險在地理大發現的年代爆炸，卻在科技最進步的年代死去，或許是安逸，讓人類染上看冒險片的興趣，卻失去冒險的本性。冒險並不是每次都會讓自己暴露在危險當中，冒險也不是一件拿來炫耀的事，回歸本質，冒險是指去嘗試一件自己從未做過，或者用經驗法則無法去推估結果的一件事，它可以是一個人騎著腳踏車在臺北亂晃，也可以是無氧攀登聖母峰，冒險是一個態度，一種生活方式，甚至是一種生存方式。

在現在，死去的冒險需要衝動的加入才會重生，進而發生。當然這個衝動有時不可理喻，但說白了就是怕死，才會覺得荒唐，無法接受。冒險這種東西不像旅遊雜誌，給你看了幾張風景照片，就馬上被吸引。冒險的風景，有時比色調鮮豔的風景照還要壯闊，它讓你看到了大山大海，也讓你看到了勇敢極大化的自己，而這中間的過程以及結果的畫面，是無法被訴說的，更不可能翻翻雜誌就找到，唯有經歷過那與放棄的拉扯或與膽小的掙扎，你才會看到，心中的那片風景，那個勇敢的自己。

道別的當下，其實不確定會不會再遇到彼此，不是指地點的相遇，而是同個世界中相遇，或許是連結不深，所以我們只簡單的道了別。但誰也沒想到四天後我們重新在青年旅館碰了面，Vivien 說他成功了，雖然他有點後悔帶太少防寒衣物，在帳棚內冷個半死，但當在清晨爬到了山頂時，他說那是他看過最美的畫面，就算半路有幾度想放棄，覺得自己愚蠢至極，但他還是感謝當時的勇氣，而我也感謝當時毅然決然租下打檔車的自己。

冒險可以是不經全盤思考的魯莽，也可是經過思考卻不被接受的勇敢，兩者的差別在於會不會影響到自己以外的第二人生命，至於不被接受，那只是習慣結果導向的人們，他們的反射動作。冒險可以讓人生過得更加精采，也可以讓人生從此黑白，初衷、態度、思考，缺一不可。

Vivien 與我

關於印度，Vivien 寫下這段話

在白天，Varanasi 是個非常混亂貧窮的城市，但到了晚上，大家都會待在河邊聽著祭司祈福，印度就像是這樣的混亂卻又和諧，在這裡你會同時擁有最好與最壞的時光，有時你會在這擁有不好的經驗，但這些經驗卻讓我們成為更好的自己，帶著這些回憶與自己回家，你會開始感恩現在的生活是如此完整，這是我在印度學到的一課，而我相信這裡還有更多值得我去發掘的事物。

7 無悔人生的成分

在Manali的那段日子，每天晚上從舊城走回青年旅館，我都會向櫃檯詢問當晚有沒有新進的房客，不為什麼，只是想找人講講話，說說自己今天吃到哪家好吃的餐廳，走到哪條無人的小徑，那晚也是一樣。正當我經過櫃檯時，老闆主動跟我說今天有個臺灣人入住，我不敢置信的翻開房客資料本確認這項資訊，那是這幾天以來第一位外籍旅客入住，他住的是三樓的六人混合房，我連包包都沒放下就這樣走了上去，敲房門的當下我無比的興奮，因為在印度遇見臺灣人是多麼難的一件事，這也讓每次的相遇顯得格外珍貴。

「Hi! 你好，我是從臺灣來的Darren。」

這就是我跟長諄碰面的開始。他是位建築系研究所學生，暑假跑來印度旅行，印度對他的衝擊，從他口中的用字與情緒，加上一點過來人的心情，便可以略知一二，畢竟這是每個初心者必經的心路歷程。他剛從列城回來，除了滿滿的祈使句，要我在那待上一段時間外，他在那的一段經驗，讓我對於接下來的旅程開始有點擔心，甚至是讓已經馴服的危機感重新出閘，因為他在那與死亡交過手。

幾天前他正在列城準備搭乘當地巴士前往一座藏傳佛教寺院，上車前他臨時改變計畫，與剛認識的幾位背包客一起騎機車前往寺院，途中他們被軍人給攔了下來，因為前方有交通事故，等他們經過事故現場時才發現是一輛巴士翻覆在懸崖邊，幾條人命不見，那輛巴士，正是長諄原本要坐上的那班車。

死亡離我好近

從小，周圍的至親過世，讓我對於死亡沒那麼陌生，也沒那麼懼怕，對我來說，它就是一個必定發生的結果，發生的早晚只是決定這個結果會不會留有遺憾。但這次在印度山間一棟青年旅館的房間裡，我第一次深切的感受到死亡，因為幾天後的我也預計踏上那片土地，因為就在幾天前的Manali附近也發生巴士翻覆的意外，因為眼前的他與死亡交手過，而他來自臺灣。這讓許久未與身分來源連結的我，也把他這段經歷給接收了過來，並且放大分析一切可能發生的原因，我開始害怕死亡，因為我還沒像那句歌詞所說的：「One day we'll leave this world behind, so live a life you'll remember.」

死亡，是人類一直想延遲發生的一件事，但偏偏大部分的時候，它來的毫無預期，也不受控制，漸漸地它開始影響人們的生活，不是對於生命結束的影響，而是在生命的過程，因為它的毫無預警與不受控制，所以人們唯一能與那發生機率共存的方式，就是不危險的過生活。危險永遠比任何事都還要來的嚴重，只要讓自己曝露於可能危害到自身的環境或狀況，就必須立刻逃離，到危險區的外圍，因為唯有這樣，生命才能繼續延長，我們才有更多籌碼能與健康談判，談談還有多少個五年，還有多少個十年。

你的籌碼

無悔的人生沒有人不想過，但無悔的人生不過是由一整段不會後悔的過程所組成的結果，重點還是那過程，而要達到不會後悔，首先必須要有足夠的籌碼，去try and error，try過了，不管有沒有error，都會讓你無悔，因為你try過。我們常常條列了一堆人生清單，將無悔的人生具體成清單上的項目，而大部分這些項目都需要try的籌碼，不是真正的錢財，而是勇氣甚至是體力，但我們總是希望在人生下半場時，再開始出擊，因為我們存夠了自認為的籌碼，存夠了錢財，我們覺得錢財可以交換勇氣與體力，但當我們意識到交易不成功時，人生注定會有一部分是error，是後悔。

魚與熊掌本就難以兼得，我們應該花更多的時間去儲存當下擁有的籌碼，而不是一直去想該怎麼同時兼得，等待是讓你存夠籌碼，不是讓你延遲進入這場遊戲，在年輕的時代，我們擁有的是恢復快速的體力與未社會化的勇氣，接下來就是帶著籌碼與這樣的自己，開始try and error，或許error的頻繁出現會讓你想要放棄，但要記得依然在try的自己，因為每一次的error，都是不曾後悔，背後的一道道光芒。

那晚我跟長諄聊了很多，關於印度、關於各自旅行的城市，隔天我跟他走回市中心，吃完午餐，送他去搭車，我想這就是緣分，讓他出現在我的旅程中，讓我重新思考無悔人生，所需要的一切成分。

關於印度，長諄寫下這段話

一個人來到印度是有些衝擊，這個國家是遠超乎我想像的綜合體，路上的騙子一天大概就是我有生以來遇到的總數了，國家級博物館帶頭敲詐外國旅客高達 25 倍的價格，一堆扯事都讓我詫異不已。

不搭計程車，只用當地交通運輸或 11 號公車，或許讓我快些進入狀況，某種程度上只是印度人為了生存的一種方式，不是開脫，領教這種赤貧後能體會，另一方面，印度也不全然是壞人，畢竟路長在嘴巴上，還是受到不少人的幫忙，這些好事、扯事，全都在這個城裡，狂亂的印度。

8 尊重，在行旅之間

那是個奔波的早晨，兩個小時後我踏上在印度的最後城市，check in 完坐在青年旅館大廳裡，對於眼前的一切感到滿足，動亂已不再是我需要擔心的事。一位錫克教大叔走了進來，後面跟著一位西方臉孔的背包客頂著顆光頭，從他那卸下的背包與臉孔，似乎已經旅行了好一陣子，他們倆不斷的在討論一些事，一些有點嚴肅的事。事情乎解決了，他們進交誼廳跟大家打了招呼，聽到我從臺灣來，那位背包客用了帶點中國腔的中文跟我說他來過臺南，住過一陣子，他很喜歡臺灣。

他叫 Chris，早上跟我一樣在巴士站下了車，但錢包整個不見，只好徒步走來青年旅館，那位錫克教大叔就在路上看到他揹著背包赤腳走在路上，所以替他買了雙便鞋，載了他過來，旅行的路上，總是會遇上幾次這樣的好人，他們的出現，會使你從最簡單的事情開始珍惜。Chris 在德國拿到音樂系的學位後就開始旅行，到處停留，有時在當地教英文，有時教音樂，曾經在中國待了兩三年，中文聽說讀寫都不是問題，但那已是三、四年前的事，也因為這樣中文有些生疏，所以一開始他就希望在接下來與我的對話裡能以中文為主，好讓他熟悉些。

對於旅行間的移動，他也喜歡以步行代替搭車，中午我帶他到三公里外的一間烤雞店吃飯，那是位印度美食部落客推薦我一定要去的，聽說那裡有著當地最好吃的烤雞，對於即將離開的我來說，當地的食物已不再只是日常所需，也不是單純為了生理需求而攝取的養分，它更像是觀光客美食般的令人期待，期待那能滿足心理好奇的外表與味道，期待能在記憶裡多添一筆資料，多存一張畫面。

與 Chris 走去烤雞店的路上

與 Chris 走回青年旅館的路上

他們以年來記錄旅行的長短

跟Chris的相處其實就只有那不到一天的時間，從他口中說的故事，就算現在身處所謂「背包客最終煉獄」的印度，你還是會發現這世界依然很大，印度充其量只是地圖上的一小角，儘管在這你能在一天看盡人生百態，但這依舊不是世界的全貌，印度可能會顛覆你很多的既定觀點或印象，但那些被顛覆的觀點可能會隨著你踏入另個國界而再次瓦解。

每次長時間的旅行總是會遇上幾位已在外漂泊數載的靈魂，他們身上的行頭總是不會讓你特別注意到他，他們大多用筆和紙記錄路上的風景，畫面的留存隨著回憶儲存在那書寫的每字每句中。他們隨著當地天氣穿著，不過度打扮，配件大概就是那單純報時的手錶，背包不是什麼最新款的登山大包，而是那布滿使用痕跡，卻依然能直挺著，陪他裝進更多故事的普通背包。從他們的一言一語，你會發現，少了常人喜歡添加的批判，多了常人忘記保有的尊重，如果你問他旅行了這麼久，得到最多的是什麼，大部分的他們會說：「學會尊重。」

我常常在想或許就是這個尊重，讓他們依舊對這世界好奇，或許就是這個尊重，也讓我學會不再急於那第一時間的批評，不再急於那未看清全貌的批判。很多時候，我們都太急於在最短的時間內丟出自己情緒也好，想法也罷，但在那個當下，我們丟出的其實是在一段關係裡最後那僅存發電經營的電池，然後在我們丟出的那刻，彼此關係停擺終止。

你可以透過尊重，認識不一樣的世界，也可以繞過尊重，詆毀你所認為的世界。旅行讓我們的視野擴大，不管是眼裡的視野，或者心中的視野，兩者之間沒有關係，有人看遍了七大奇景，依然把伊斯蘭教徒與恐怖分子畫上等號，有人只在國內旅行，卻懂得文化間差異的尊重。旅行與其走馬看花自拍購物，不如移出百分之十的心思在周遭觀察，不用像記者般的研究記錄，但至少觀察出文化差異背後的原因，因為尊重往往始於這之後。

百分之十的心思觀察

關於印度，Chris 寫下這段話

印度是個極端的大陸，有時當下可能是最好的時光，突然間變成最糟的一刻，我有時很喜歡印度，有時不喜歡，因為在這旅行很辛苦，必須學會耐心，還有一顆開放包容的心，在印度旅行幾個月後，我想我需要好好休息，但休息完後我會想回來探索更多的地方。

9 旅伴與伴侶

德國人普遍給人的印象是一板一眼，而我遇到的多半如此，在某些事情上面，比較沒那種隨遇而安的彈性，關於這些印象，在我遇到 Michael 之前，普遍成立。

那天我搭著巴士深夜抵達 Ajmer，出了火車站上了叫好的 Uber，越過了一座山丘總算抵達另一側的 Pushkar，隔天我報名了青年旅館的日落健行團，導遊帶著我們爬到當地的一座山丘上，與象山差不多的高度，卻能俯瞰整座城市。

整團搭著嘟嘟車出發，在這座嬉皮小鎮徜徉，我與一個德國人坐在嘟嘟車的後車廂，那是一個背對司機面對後方的位子，有點類似高爾夫球車的最後一排，只不過少了護欄與扶手，這種沒有太多以安全名義而設置結構的交通工具，我一直享受著，沒有任何立即的危險，但看到的風景，吹到的風，才是人類第一次不靠雙腳而移動時的感動。我們學著保護自己，學著勇敢向前，更該學著脫去保護，勇敢的享受當下時分，有些時候的危險，是建立在無知的想像與不熟悉的恐懼，你可以選擇在多年後，感謝自己當時的勇敢，多了段無比精采的回憶，或者，後悔自己當時的恐懼，少了段刻骨銘心的記憶。

去程的路上我與隔壁的德國人閒聊著，但聊天的內容就僅只在個人生平經歷與資料間不斷打轉，回程的路上我們再次坐到相同的位置，這次我們拿著手上各自的相機，開始聊起了攝影。攝影在我們

生活中有各自的存在功能與價值，對他而言，攝影是一種心情，想拍就拍，有時相機會被他拿在手裡整天，有時則會被忘在住處的登山包中，他不在意拍的照片好不好看，因為那只是在記錄心情，他用照片記錄當下，我喜歡用相片記錄每個不被設計好的瞬間，就像它停留在我們腦海裡一樣的自然。

回到青年旅館下了車，Michael 認出我的包包背帶上的一枚酷玩樂團胸章，我有些驚喜，因為能在印度的嬉皮小鎮找到主流樂團的歌迷，是一種幸運，音樂是一種很有趣的媒介，它在虛幻中成形，卻能在現實中作用，它能夠拉近人類的距離，也能夠撫平受傷的心靈，它以千萬種的方式作用於人類，以千萬種的方式陪伴於人類，你能夠透過它主動的在某些回憶中埋下引線，然後待下次聽到熟悉的旋律時，被動的點起那條引線，所有當時儲存的畫面會一次性的爆炸重現。

Jay 與 Michael

旅伴磁場的相吸

在 Pushkar 之後，我與 Michael 和另一位加拿大人 Jay 移動到了下個城市 Udaipur，我們在那一起旅行了幾天，跑了一些地方，沒有太多刻骨銘心的回憶，但總有種感覺 Michael 會是很棒的旅伴，如果能夠一起旅行上一段時間，應該會是一趟很棒的旅程，他對於日常生活觀察細膩，知道的越多對他而言是更能做某些事，更能體驗某些事物，更能吃某些東西，而不是讓他恐懼膽怯，然後放棄去做更多的事，知道的越多，害怕的越多，這是人類的通病，尤其是在成年之後，我們在童年時活著，在成年後死去。

與香港朋友 Timo 在印度道別後，從沒想過會再遇上如此契合的旅伴，旅伴就跟伴侶一樣，遇到對的人，可以一起冒險，可以一起遠行，可以一起淋雨，可以一起享受當下的狼狽。因為這在未來會是最難忘的時分，可以讓彼此互相成長，而那成長經過一段時間的淬鍊，會更為明顯。當你遇上同樣的問題，能以有別以往的態度去面對，遇上同樣的事情，能看到有別以往的角度，當有一天回首發現，自己在做出這些「有別以往」時有多麼的自然，會發現第一個想要感謝的不是父母，而是當時的旅伴。伴侶間所擁有的是愛，旅伴間所擁有的是上路後所需要的一切勇氣，而這些，足矣。

對我來說，在旅程中，好的旅伴不會帶你上天堂，而是一起在冒險中成長，壞的旅伴，不曾存在，只是在旅行上的習慣與觀念有所不同，他依然是你的同學、你的家人、你的同事、你的朋友，好的旅伴無法尋找，唯有試過才會知道。

在 Pichola 湖邊拍照的 Michael

關於印度，Michael 寫下這段話

永遠別嘗試火車上的食物，印度會在你露出容易受騙的臉上，出奇不易的襲擊，在印度，從頭到腳還有氣味，甚至是任何的體驗，都是你未曾想像過的，給印度一個機會，試試看吧！人生萬歲。

嘟嘟車司機也是一種排列組合

10 人生裡的排列組合

旅行一陣子會漸漸看到一些人，臉孔與當地人有些違和，穿著卻融入當地，他們不是來自當地，大多是來自十萬八千里遠的地方，甚至是地球的另一端。至於他們會停留在當地的原因有很多種，但多半都與感情有關，可能是與當地朋友的友情，可能是在當地遇到的愛情，也可能是單純對於土地或文化的感情，關於停留的天數，短則數月，長則數年，計算方式，皆以月為單位。

我在孟買的第一天，在青年旅館櫃檯遇到Matt，我們倆站在櫃檯的兩側，一條界線在我們之間隔開，一邊是生活，一邊是流浪，我們最開始的對話不是「你在印度待了多久？」這類旅人間的談話，而是「你要check in嗎？」。Matt大學畢業後，聽到當時在印度認識的朋友要在孟買開間青年旅館，便收拾行李再度前往印度，只不過這次不再流浪，而是在孟買開始生活，協助朋友經營這間青年旅館。

一次我窩在櫃檯旁的沙發用著手機，Matt剛好也坐在那，我隨口問了他為什麼就這樣什麼都不顧的跑來印度，「我就是一切都顧好了才跑來印度」他這樣跟我說。他拿到了大學學歷，也存到了一筆錢，每次旅行總在青年旅館有過許多美好時光的他，有一天也想開間自己的青年旅館，讓在路上流浪的靈魂，也能擁有他所擁有過的美好時光。我常常在想，這或許就是個循環，關於善良的循環，特別容易在旅行時發生，或者應該說在旅行時特別容易收割。當你今天在某地旅行遇上困難受到幫助時，無意間會因為身處異地而放大那曾幫助過你的善良，待下次換成是助人者的身分，會更加願意的去幫助，去給予你所能夠提供的，讓你收到的善良持續傳遞下去，不求回報，就像Matt希望能將他在青年旅館所擁有的美好時光傳遞下去。

對於從小就照著公式走的我們，像 Matt 這樣在人生的某個時間點，安插進了一個毫無相關的停留，甚至插在學業與事業的街口，兩大人生段落間，如果換成是我們，普遍很難被理解甚至是被尊重，因為我們就連人生都是按部就班的照著一套公式進行：求學，工作，結婚，生子。對多數人來說，完整的走完一趟公式，才叫美好的人生，中間的轉換，如果能無縫接軌那會更好，至於為何用「美好」來賦予這段行為的實現，很多人或許不得而知，因為他們只是遵循慣例，因為經驗法則告訴我們，不聽老人言，只會吃虧在眼前。

旅行的路上，遇到的人，會讓人知道人生有好多種實現的可能，可能高中畢業後，開始打工旅行然後在某個地方念了大學、可能工作大半輩子後，辭職跑去不同的地方長住、可能與另一半退休後跑到人生地不熟的地方養老。公式般的人生也是一種可能，卻不是唯一的可能，老人有他們的公式度過難忘人生，我們也該有自己的方式活出一個精彩人生，求學，工作，結婚，生子，它們不是一套公式，而是一種選擇，一種人生排列組合裡的選擇。

輾轉從朋友那聽到，一年後 Matt 回到澳洲，在銀行工作，繼續人生，有時候其實就在於敢不敢在人生的這題排列組合裡，隨著周圍環境的變化，照著自己的想法，排出想要的模樣，不是能不能的問題，是想不想的動力，沒有完美的排列組合，所以也無須參考複製，人生的可貴在於它各自獨立。

Matt 與我

關於印度，Matt 寫下這段話

印度的北部與南部是兩個完全不同的地方，在北部的 **Rajasthan** 邦和 **Uttar Pradesh** 邦，這裡的人們，他們所釋出的好意背後是有目的的，今天我對他們微笑，他們也會對我微笑，然後期待從我這得到 **50** 盧比，相反的，南部城市的人們，是我遇過數一數二善良的人。不管怎樣，印度有著多樣的文化，是一個美麗又獨特的國家。

就是這鍋 Tagine

11 志工不該被國界分類

Soufiane 是我第一次去印度時認識的朋友，他在摩洛哥念工程學位，暑假也跑到印度做志工，對他最初的印象還停留在那盤他做的 Tagine，用最簡易的工具與最簡單的食材所做出的 Tagine。

每次與 Soufiane 見面，他都會跟我說他為了當地的學校做了什麼什麼事，又有什麼新的想法可以改善學校的潛在問題。關於志工這個角色，他投以滿腔熱血，而那也是當時的我們唯一擁有的。我們有時會討論關於國際志工的意義或存在的目的，可能那時候的想法不多，兩人碰撞出來的化學反應沒有任何明顯的結果，回國後過了一段時間，這些問題也漸漸的被時間帶走，直到有一次，一位長輩問了我一句：「為什麼不在臺灣當志工？」一句簡單卻明瞭的話，讓我就像走失的小孩，雖然外表鎮定，內心卻無比慌亂，急忙的想找回，那些被時間帶走的問題。

對於長輩的那個問題，當時的我只隨便搪塞了一個答案，不是想虛應故事，而是需要更多時間，來思考，來回答。因為我不想讓自己付出的努力，只因為一句話變的毫無價值，對當時的我來說，國際志工是其中一個可以改變世界的方式，同時也是一種能透過大量的文化衝擊，讓人開始甚至持續反思的方式。這樣的想法的確是很單純，沒有太多的全盤思考，但那也是我申請國際志工的初衷。

在那之後，我看了些關於國際志工的文章，讀了些關於國內志工的報導，聽了些講座，在這之間，每一篇新的文章報導都不斷打碎我部分先前的觀點，每一次講座與講者或聽眾的交流，我都試著得到一些聲音以重建那些被打碎的觀點。

志工不該被分類

四年後我慢慢理出一些想法，志工的誕生就是為了解決資源分配不均的問題，不管是有形或無形的資源。在臺灣，志工最常被以服務地點分類，國內志工和國際志工，這種分類方式也最常讓國際志工被附上不愛國家，對生長的土地沒有連結的註解，但如果今天從需要被服務的對象來做分類，小孩、婦女、老人，接著再從他們所處的環境，所面臨的問題，偏鄉、愛滋、被脅迫運毒、被迫從事性交易、被餵食毒品管理，會發現這些現象大多發生在臺灣以外的地方，不是在比較，而是在分析問題的層面。

每個國家不管再怎麼先進，一定有人很富有，也一定有人很貧窮，資源分配的不均，加上命運使然，有人天生的環境就非常難熬，難熬的程度不只是無法接受教育而已，也不是求頓溫飽，而是在求生存，求那微乎其微的生存，求那看到隔天太陽的機會。今天如果以國界劃分，自然會認為志工該從自己的國家開始服務起，今天如果以物種劃分，自然會認為全世界的孩童甚至是需要幫助的人們都是一種責任，這世界缺少的不是比較心態，而是剛好的善良。

國際志工是一種改善資源分配不均的方式，不管在國內或國外，只要初衷單純，不為那張志工證明，也不為沽名釣譽，只為盡一己之力，改善一個生命，這樣的行為，不該招來無端的批評，或蓋上不愛國的字樣，我們可以選擇到臺灣偏鄉帶營隊，但不能否定那些跋山涉水到荒涼異地教書的努力，地理位置是一種選擇，不是評斷的標準，愛國有很多方式，偏鄉做志工是其中一種形式。

Soufiane 與我

關於印度，Soufiane 寫下這段話

印度不只有自然風景，人與人的連結、信仰虔誠和傳統文化才是印度的全貌，探索印度唯一的方式就是與人建立關係，這樣才能入境隨俗。

12 語言外的快樂

在印度的最後一天，我待在剛 check in 的青年旅館，計畫的壓力持續在空氣中作用，國際機場就在幾公里外，青年旅館裡的氛圍有些平靜，有些人帶著疲憊準備回國，有些人帶著從機場一路過來的惶恐抵達。印度，是一個慢熟的國家，對於初到的旅者，像需多做一輪暖身的運動員，才能漸漸上手，擺脫青年旅館內的冷淡空氣，我在下午一個人到外面晃晃，吸著城市裡繁忙的空氣，看著街道上不同的人們，各自過著自己的人生，我不再做任何回憶畫面的儲存，只想再好好呼吸一次。

吃完飯回到青年旅館，交誼廳多了三個西方臉孔，他們似乎一塊旅行，可能來自南美。不曾停過的葡文在耳邊環繞，南美人的熱情隨著他們的一舉一動遍地蔓延，原本只是想做個禮貌性的問候寒暄，但誰也沒想到，在印度的最後一天夜晚，本該是離別傷感，卻又成為另一個存在印度裡的快樂。

Talita、Gusta、Rodrigo，他們三個是兩男一女的組合，全都來自巴西，所謂的「旅行最佳組合」，大概就是我眼前的景象，有人負責溝通，有人負責找路，有人負責歡樂，他們一起走遍了許多國家，帶著興奮之情降落在印度大陸，卻在咖哩醬裡的辛香料繳出在印度的第一支白旗，於是我帶他們到附近的超市採買，拿著買好的生鮮走進青年旅館廚房料理，義大利肉醬麵是他們第一步的適應，而我在離別時的角色轉換也適應得宜，一腳踏出去從倉惶狼狽到身經百戰，從新鮮的到訪到眷戀的別離。

語言之外

那個晚上我看著他們吃麵，看著他們跳舞，英文表達能力不好的他們，有時為了讓我融入，努力的用單字跟我解釋，他們上一秒在聊什麼，下一秒又為何而笑，雖然大多時候，我還是一知半解，然後跟著一起大笑，但那也不太重要，因為從當下的每一次的笑聲，我再次發現，語言終究是一種工具，快樂則是打從內心。

幾個禮拜前在恆河旁的大城，我遇到了一個自由的靈魂，不被語言束縛，一心只想走遍世界，那時的我，終究是個在外圍的聽者，無法體驗那脫離語言的自由，但這次在Amristar的夜晚，我開心的大笑好一陣子，不是因為聽懂了某個笑點，或是談話中的任何內容，那開心的引線，就在空氣中，就在他們舉手投足間，在不可預期的每一秒點燃，然後在爆炸後大笑，至於那用來點燃的東西，有很多種，我們總認為的語言只是其中一種，但在那個當下，絕對不是這一種。

在旅行的路上，語言總是以一種隱於環境中的方式跟隨，然後作用，讓我們對於一些事更快上手，讓我們對於一些環境更快融入，漸漸地它變成了一種必須，一種出國的必須，一種旅行的必須，重要的程度比背包裡的護照重要，它不在你的打包清單上，因為它已經變成一種我們設下的資格，拿來審核自己看這世界的資格，拿來審核自己在機票網站上按下訂票的資格。

出發前發現語言不通，大部分的我們只知道，該去補習或自修，或者告訴自己，這樣太危險，自己其實沒那麼勇敢，然後看著那些獨自出國的背包客，繼續投以羨慕的眼神，不然就開始自怨自

我與 Talita

艾，我們很少會選擇硬起頭皮，帶上應變能力和行李，出發去看這美麗的世界，沒踏出去不會知道，路上一樣有只會講「How are you?」的人，他們依然旅行，甚至來過臺灣，他們不是特別厲害，也不是什麼求生專家，只是他們的決心與勇氣，比一般常人擁有的還要多上許多。

旅行從來不是別人的事，是自己的事，要成天抱怨語言能力不如人是自己的事，要揹上背包或拖著行李箱出發，開些眼界，也是自己的事。

我與 Rodrigo

我與 Gusta

關於印度，Talita 寫下這段話

印度是一個完全不同的地方，這裡的一切我都是第一次體驗，獨特的文化，瘋狂的交通、繽紛卻髒亂的街道，我很喜歡印度，印度人很友善也很好客，有機會我會再來。

13 七十五億分之一的柔軟

人生經常有失落的時候，特別是當這些失落以一種默契般的方式接連出現在人生當中，谷底基本上是心的位置，感覺全世界都背棄了自己，不管再多的掙扎，都只是在原地的渾水，停滯不前。

全球有七十五億人，每天有七十五億種故事在各地上演，有些似曾相識，出現在我們的人生，有些我們難以想像它存在的理由。人類很容易受這些故事所組成的環境影響，而決定自己對萬事萬物的認知，周圍環繞著成功順遂的人，相對會增添自己某部分的信心；對這個世界的一切感到擔憂，只因為整天看著為了收視率而製作的負面新聞。我們不需要擁有七十五億種的認知與感覺，但不能被七十五億分之一的故事占去所有的思維，思維本該隨著年齡和經歷，而變的更加柔軟，我們不需要像海綿一樣吸滿液體接受一切，但要像水一樣，不管從何處墜落，依舊保有它柔軟的外表。

死去的以色列靈魂

Yuli 跟 Manali 舊城區眾多的外國人一樣，是以色列人，畢業後在以色列工作卻在不久後被開除，跑到紐約念研究所期間想寫一本書卻沒有出版社願意出版，最後他發現研究所的內容不是他現階段想要念的，於是休學跑到印度的山上待著。某種程度他在逃避現實，但某種程度這也是他所選擇的現實，所以關於那些逃避與退縮的標籤，先別急著撕開貼上，畢竟我們真的知道自己所選擇的是什麼樣的現實嗎？

Yuli 是我在 Manali 的固定飯友之一，我們時常吃飯，雖然他的人生在過去以一種悲劇的方式存在，但他很少自怨自艾，印度的山間雨水似乎洗去了他的怨念，不過也順帶的洗掉了他的自信，他常常問起我在旅行的故事，點餐的時候問，健行的時候問，喝下一口咖啡的時候問。我沒去過太多的國家，不太熱衷蒐集踏上的國家數目，但我總是會去重複踏上熟悉的國家，無關念舊，只是喜歡在熟悉的地方以全新的心情再次深入當地，我喜歡像個當地人活著，而不是被動的入境隨俗，這些都是 Yuli 所嚮往的旅行生活，所以對於我一再去上重複的國家，他總是回上一句肯定的「很好」，然後面無表情地看向窗外。

Yuli 其實很憂鬱，相處久了會漸漸感受出來，有時大家開懷大笑，他也會跟著笑，不過在他臉上的笑是空洞的，他不知道他是為何而笑，他只知道大家都在笑，他不笑會顯得突兀。他的憂鬱來自不快樂，他的不快樂來自無法從過去的人生得到自我認同與肯定，這是他的故事，也是全世界七十五億分之一的故事，他被這其中的一種故事占去思維，他被自己的故事占去感覺。

身為旁人，很難給出像當頭棒喝般的建議，讓他從被占去的思維中獨立，因為當局者的迷往往超乎旁觀者的想像。我只能提醒自己，在未來的時候，可能會遇上事事不順的時期，不用急著擺脫，因為那些不順終將成為未來的養分；在將來的時候，可能會被周圍環繞的人和故事占去對萬事萬物的認知，或許當下的自己也渾然未覺，所以我必須信仰旅行，出發到世界的某個地方，與素未謀面的人們聊天著，在全然陌生的環境生活著，不用太久的時間，有些被占去的認知會被重新過濾，回到一開始的空白與寧靜。而我在離開時，也與 Yuli 這樣的說著，希望他在印度的山城，有一天醒來，能獲得柔軟，再次出發。

Yuli 與我

關於印度，Yuli 寫下這段話

印度讓我們三個來自不同國家的人相識相聚，對於印度我沒有太多要說的，大概就是它異於常人的顏色和聲音，但這裡的人還是一樣，人終究是人。

14 年輕的時代與勇氣

在青年旅館 check in，一如往常的在櫃檯那本房客資料本寫下個人身分資料，這是每次在印度定點入住時的一段流程，就像在當下註冊身分，準備展開在當地的闖蕩。當我填完國籍欄位時，我都會將視角垂直上移幾欄，查看是否有一樣的島嶼子民曾在此停留，或正在此停留，在我好奇心未完全出閘，雙眼已停留在上位房客的國籍欄位「TW」。

雖然不是第一次在旅店遇上臺灣人，但或許是在印度這片大陸，臺灣人相對罕見，所以每每遇上，就像那高山上的日出珍貴。我帶著興奮之情走去房間，期望與那寫下 TW 的房客碰上一面，放妥行李，我帶著水壺到交誼廳坐著，靜靜的觀察周遭任何可能寫下 TW 的黃色臉孔，視線飄到廚房裡似乎有個東亞臉孔的男生正在煮晚餐，我上前一探究竟，此時的心理情境與對獎統一發票的忐忑沒有分別，唯一的差別是心情曲線的起伏，前者是一次性大幅度的起伏，後者則是多次性小幅度的起伏。

我來自臺灣

Gary 邊煮著他的晚餐邊跟我說道，在那塊島嶼上，他是負責勾勒出許多人民心中夢想雛形的建築設計師，有多少人的家誕生在他的筆下，但這次他決定出發，為自己的人生勾勒出下個篇章，帶上畫筆與紙本，在四大洲描出每個角落，記錄曾經的每個自己。

這是我第一次遇到在環遊世界的臺灣人，不走豪華旅行，也不走極短時間內完成的旅行，而是帶著不再空白的自己，在異地像個當地人生活著，不斷的被文化衝擊洗禮，衝擊出更多的想法，以及那能夠重新乘載一切的自己，這樣的結果以世俗社會的長尺衡量，或許跟過去的自己沒什麼成長，但移開那世俗社會的標準，你會發現在那樣的過程下，產出的從不是能具體量化的價值或利益，而是那生命本身的厚度，滋長的養分是那適應衝擊與反思的過程，只是在講求結果論的現在，已不再重要。

我不買當地 Sim 卡

在手機與無線網路還不發達的年代，我對於當時在異地闖蕩的旅人總是帶有三分敬意，身逢在網路時代下成長的我們，依舊很難想像當時旅行的樣子。因為網路讓我們開始能掌握資訊，消除了旅行在外的不確定性，這帶給了我們安全的感覺，舒適圈某種程度也開始擴大，畢竟生物的演化本就是為了生存而不是冒險，但我們無形中卻一直以一種「東西」去交換這所謂的安全感，讓我們漸漸失去它的存量，這種東西是人類獨有的「勇氣」。

不買當地的 Sim 卡是 Gary 這次遠行的預設模式，沒有了網路，唯一能依靠的就是自己當下的反應，尤其是在印度這充滿不確定性的國家移動，這某種程度是回歸原始，讓自己無法掌握一公里外火車站的火車是否準點，無法確定 100 公里外的旅店有無空房，縮減舒適圈到自己周圍的一公尺，是重新找回勇氣的開始。

手機外的勇氣

當然找回勇氣有很多方式，每個人都該有自己找回它的方式，因為這是一個可逆反應，你怎麼開始失去它，就怎麼開始找回它，它不是被風吹走的氣球，永遠拿不回，它一直在那，在同樣的地方，不是等著你，而是它本該是你的一部分，就看你有沒有決心拿回，就像Gary說的「勇氣，就該從年輕（Nothing to lose）的年代開始！」

關於印度，Gary 寫下這段話

在印度不熟的車站，很多狀況都會發生，尤是是 **tuktuk** 拉高車資帶你去可抽佣介費的商家，都是印度新手旅客常遇到的狀況。但這些狀況並不會要了我的命，但卻給了我成長與歷練的機會，從旅行中克服恐懼，而恐懼來自不熟悉的異國文化，尤其是印度這樣的國家，刻意跳脫自己國家習慣的舒適圈，發現勇氣，去面對不得不接受的挑戰。勇氣就該從年輕（**Nothing to lose**）的年代開始！

15 時間外的友誼

關於三年前那段在印度做志工的時光，很難用一個形容詞精確來描述，大家來自世界各地，馬來西亞、加拿大、埃及、摩洛哥、哈薩克、中國、澳洲，命運讓我們來到同個地方相聚相識，在最好的時光裡遇到最對的彼此。身上的膚色、口中說的語言、護照上的國籍、日常生活的習慣，這些都只是我們身為人類的一些裝飾，有人選擇拿來攻擊，有人選擇拿來關心，二〇一五年的我們選擇放下，然後拿出真心，彼此相待。那個夏天裡，我們一起生活、旅行，我們努力工作、盡情瘋狂，然後互相道別，因為他們，我在印度淋過這輩子最快樂的幾場雨，好多次打從心底的放聲大笑，還有那數也數不完的真心對待，以上這段文字獻給我在印度認識的你們。

Jun 是我在印度做志工時認識的朋友，我們分屬在不同的專案，但卻住在隔壁房，他是馬來西亞華人，在英國念書，說著一口流利的中文，喜歡看臺灣的綜藝節目，聽臺灣歌手唱的歌，每次跟他聊天都會有種在跟臺灣人聊天的錯覺，對他最初的印象還停留在他手上拿的那支手機，在印度這個需要網路才容易取得資訊的國家，他卻拿著一隻只能玩貪食蛇的按鍵手機，在這片大陸闖蕩。

精釀友誼

還記得那天他在印度的最後一個晚上，大家到餐廳替他餞行後，各自回到住處，我從冰箱拿出兩罐之前買的印度國產啤酒，透過房間之間的連通道，走到他的房間徹夜暢談，那天晚上聊天的內容已經從記憶中淡去，我只知道我們聊了好多好多，關於學歷、關於愛情、關於未來、關於自己，大麥與啤酒花的味道淡淡地蔓延在空氣中，精釀出當晚的美好，那個深夜以十年的速度推進到了隔天清晨，我們各自喝下最後一口玻璃瓶內的回憶，擁抱道別，然後帶走那一夜晚，淬煉出如十年的友誼。

在那之後，就像與大多數遍布在世界各地的朋友一樣，我們偶爾藉著通訊軟體聯繫，在手指滑過的照片和文字中更新近況，過著各自不交叉的人生，三年後，我們再次碰面，時間帶走了一些回憶，還有我們當初的青澀，原本以為的生疏尷尬，在見面的那一瞬間，全都消失殆盡，我們還是像三年前那樣的閒聊，什麼都聊，更新了彼此近況，也更新了社群網站上照片背後看不到的實況，三年前我們走在印度的 Wadala Road 上，說著剛吃的咖哩，調味不行，三年後我們走在信義路上，說著剛吃的麻辣鍋，辣度剛好，在那當下，我很開心，友誼的淬煉戰勝了時間的流動。

有一種友誼是建立在地理之內，延伸在時間之外，就在你們相遇的那刻，擦出的電光石火，可以照亮在未來每一次見面的前後，中間所等待的間隔，在見面時，沒有好幾年不見所產生的疏離，只有上次見面時沒被時間帶走的熱絡，這種友誼，無法尋找，一旦擁有，好好珍惜。

三年後在臺灣的 Jun

關於印度，Jun 寫下這段話

這裡的雞都很小隻，這裡的宗教和諧蓬勃的發展，這裡有很多人想去加拿大，這裡的路邊攤炒麵吃了會肚子痛，這裡的窮人跟富人住在同個鄰里，這裡很多男人會在路邊尿尿，這裡的人很好客，這裡的主要食物是 Masala 香料。

印度之間—關於在印度之間生活旅行的人

1 關於她所指的味道與愛情

她是Rad，每次跟男友Harry回到青年旅館，總會跟我說他們今天又吃到了什麼好吃的食物，如果你期望從他們口中得出一絲關於印度菜的負評，很抱歉，你可能問錯人了，因為他們是印度菜的狂熱分子。

Rad是英印混血的英國人，媽媽是印度人，在她大學時，她來過印度在學校當實習老師教英文，在那之前，對於印度，她沒有太多的印象，回國後，她最念念不忘就是印度的一切食物，雖然英國有不少印度人開的印度餐廳，即使味道跟在印度吃到的幾乎是一模一樣，但對她來說，就是少了那麼一個味道。曾經的我認為，能夠重回記憶的最佳途徑是影像，因為視覺的衝擊往往較其他感官還要來的強烈，在記憶裡也特別容易抽取，所以保留視覺的影像能夠隨意地重回記憶中，但一次與朋友H討論關於重回記憶的最佳途徑後，加上幾次自己的經驗，我開始慢慢相信，重回記憶的最佳途徑不是影像而是氣味。

Rad所指的少了那一味就是氣味，我們在腦海裡，其實會在不知不覺中儲存對於當地氣味的記憶，它不像是影像會被人們刻意用工具存取，保存的期限也沒有一定的標準，平常我們也無法隨時隨地的重現，比起影像，它更像是一條引線，一旦讓它點燃，回憶會如爆炸般的布滿周圍，一個接一個呈現。它不像是影像只能做段落式的回顧，它能貫穿當下視線的每個畫面，讓身歷其境的更加真實，而我想這也是部分回國後的旅人，在國內的異國餐廳中試著尋找的東西，試著透過嗅覺重回在當地的一切，試著透過鼻後嗅覺重回當時的自己。

旅行愛情

Rad跟Harry是對在大學畢業後開始旅行的情侶，從天空之鏡到考山路都有他們的身影，在孟買的那幾天，他們是我的室友，有時他們會一起窩在床上滑手機或看書，或許是因為交往很久，也或許是在一起旅行很久，他們之間有一種無法解釋的契合感，直覺不會告訴你，他們是否會廝守終生，但絕對會陪伴彼此很長一段日子。

有次跟Rad聊到關於旅行是如何在情侶間產生作用的，我們都不約而同地認為旅行能脫掉彼此的角色，赤裸的攤在對方眼前，因為今天將兩個人抽離原生環境，但卻讓他們繼續過著在原生環境的關係，這中間一定會產生很多障礙，可能是交往一年就會遇到，可能是結婚三年才會遇到；可能是預料之中，但大部分卻是預料之外。而這預料之外的障礙，會巧妙的喚起雙方對於同件事的態度甚至是觀念，而陌生環境讓人失去保護色，讓雙方毫無保留的喚醒這些態度與觀念，這些東西的顯露讓人感到赤裸，因為我們都曾努力的隱藏過它，特別是為了一段關係而去隱藏，而直到那時候，雙方的心都一絲不掛的時候，你才會知道眼前的這個人是不是自己在尋找的。

Rad 與我

在一段感情中，我們可能會扮演多重角色，可能為了討好對方或是討好這段關係，但因為那不是真正的我們，所以有一天角色一定會錯亂甚至疲乏，最後換來的是彼此的失落以及無法討回的機會成本，每個人對於感情都有自己的良藥祕方，沒有絕對的有效，也沒有絕對的無效。在這過程中，我們都是從初心者做起，在出發時勇敢，在過程中畏懼，這世上沒有所謂的完美愛情，所以我想正因為如此，我們都更加努力，也更該放手一搏，朝那完美的距離，慢慢趨近。

那天晚上，Rad 跟 Harry 再度揹起背包準備前往下個城市，我與他們擁抱道別，給上彼此的祝福，不像社群網站上一些情侶環遊世界的帳號，整天上傳那些經過設計後製的合照，Rad與Harry的自然相處，才是情侶旅行的真實模樣。愛情並不總是像風景照般的美麗，它有酸辣，它有苦澀，你可以花好幾十年的相處理出它的頭緒，也可以花幾個月的旅行嘗盡它所有的味道，時間正在作祟著。

Harry 與我

關於印度，Rad 寫下這段話

除了過度擁擠的人口、不好聞的氣味、滿街的牛與喇叭聲，我喜歡印度，這是個獨一無二的國家，它讓我認識了很多有趣的人，讓我知道這裡是我某部分的家鄉，也讓我嘗遍了各種吮指美食，想要在這旅行，的確是件有挑戰的事，但我學會了將印度視為一面鏡子，帶著開闊的心來此旅行，你會收到熱烈的歡迎，我鼓勵大家來這旅行，絕對會顛覆你對於人生的一些想法。

前進就對了

2 踩上爛泥丟掉掌控

每趟旅程中一定會遇上一位，讓你無法用確切的字詞來形容，只能用「很酷」來代替的人。我在Manali的一間德國麵包店裡，遇到了他，那是一間設有交誼廳般空間的麵包店。及肩的長髮與看不見下巴的鬍子，些許印度人的臉孔與不知道哪國人的混合，健壯的身軀與Tshirt短褲，他是Tarique，印度裔瑞典人，從小在美國長大，工作之餘不時回印度見家人，並到Manali的山區學校當志工老師。

從德里前往Manali的巴士上，有不少單車騎士，打算從Manali騎到Leh，這條400多公里的路線，曾經被《Discovery》說過是世界上最危險的公路之一，坐在我眼前的Tarique跟我說他喜歡高山野跑，他去年從Manali跑到Leh，今年也正打算再跑一次，我兩眼瞪大，說不出話來，這是我對他的第一印象。

Manali前往Leh的巴士上

最後一次健行

幾次在Manali的下午，我會跟Tarique以及一些在麵包店認識的朋友去健行，健行的路線都是平常Tarique野跑訓練的路線，離開Manali前的最後一次健行，天黑前的半小時才開始，我們一樣又走了不同的路線，有時走在馬路，有時穿進樹林，天色也越來越暗，再進入另一處樹林前，天色已黑伴隨著細雨，我拿出手機開啟手電筒，試著掌握前方的路況，不是什麼太崎嶇的路段，只是不想踩到爛泥罷了。

走到一半，剛在後方小便的Tarique走到我身旁，問起我開手電筒的用意，我說我想看清前方的路再走，他又問了我為什麼一定要看清前方的路再走，雖然很想說因為不想踩到爛泥，但我知道那不是我真正的答案，我不過是不希望把自己置身在一個無法掌控的空間罷了，簡單來說就是想掌握眼前的事物，Tarique只告訴我「放鬆，別管其他事，只管前進就對了」。

月光透過葉子間的縫隙，鋪在小徑上，我試著關掉手電筒，讓感官沉浸在當下，有時無可避免地踩到爛泥，但我還是繼續地走，跟他出來的每趟健行，我都不會知道距離終點還有多遠，但這次因為天色已黑，我急於掌控那眼前所在乎的剩餘時間，好讓我估算健行完後的行程安排，是吃飯還是回住處休息。

習慣掌控

我依然沒有詢問結束的時間，只管繼續的走，因為那正是我跟他健行的原因。或許是城市的生活讓我們養成的習慣，從起床開始，我們必須掌控出門的時間，接著是天氣狀況，該穿什麼衣服出門；交通狀況，哪裡塞車哪裡車禍，中午的行程、下午的行程、下班後的行程，我們的每一天，我們都希望在掌控之中。雖然不可能掌控全部，但仍會試著掌控，到最後不是我們習慣了掌控，而是我們掌控了我們的習慣，所以我們出國度假也掌控，出去運動也掌控，工作時掌控、吃飯時也掌控，巴不得這世界的變化都在自己的掌握之中，好讓自己隨時都能處在適應良好的環境，某種程度這也是舒適圈形成的原因。

適時的掌握有它的必要，但隨時的掌握就沒那麼重要，因為人生的很多時分，都是發生在掌握以外的世界，而每一次的發生，雖然都會手足無措，但正是因為它來的毫無預期，才讓人生多了不曾有過的豐富，不管它是喜、怒、哀、樂，終將成為未來生命的養分，讓我們當下學到一些事，往前邁進也記住了一些事。

學會掌控很容易，放棄掌控有它的難度，所以我跟著 Tarique 健行，漫無目的的走著，有時下雨，有時天晴，我在 Manali 忘掉了掌控，得到了柔軟的快樂，我留意每個角落，觀察其中的細節，我開始更能融入在每個當下，我不確定下一腳踏出去，會不會踩到爛泥，但我還是向前邁進，因為我知道我正走在學著與掌控相處的路上。

有些模糊的 Tarique

關於印度，Tarique 寫下這段話

印度的好與壞都交織在一起，有時我喜歡這裡的大自然，有時也對他們對待自然的方式感到難過，我喜歡這裡的食物，雖然有時候它會讓我失望。這裡的天氣、人們、環境與文化也都一樣，對我來說這是一個很對比的國家，我喜歡回來這裡，因為它讓我明白我是人類，我擁有不同的當下與對比。

3 功利掛帥下的衝突

那天晚上我依照在列城的生活習慣，到青年旅館的頂樓靜靜的看著滿天的星空，任夏日高山的寒風圍繞在身旁，不管多冷，我總是會待上一會，一方面珍惜當下的生活日常，一方面享受當下的每吋感官。不過一會，陽臺來了兩個人，是今天剛抵達這裡的兩位印度人，Chirag 與他的攝影師朋友 Sharan，曾經是同學的他們，相約來這片人間淨土走走晃晃，有些許羨慕他們在拉達克的移動範圍裡是屬於用「晃」的就能夠抵達的地方，對我卻是跋山涉水才能抵達的遠方。

可能是高山症的關係讓 Sharan 跟這片星空打了個照面後，就回房休息，我拿了幾顆緩解高山症的藥丸給他後，回到頂樓與 Chirag 聊天。他現在定居在我兩年前去過的 Bahgsu Nag，那是位在西藏流亡政府所在地德蘭薩拉以北六公里處的山間村落，沒有太多遊客的喧囂，讓兩年前的我在那待上了一週。Chirag 從美國唸完大學後，陸續找了幾份工作，但都不是太順利，回國後一次到 Bahgsu Nag 的旅行，讓他發現當地人對於回收完全沒有概念，於是他找了幾間當地的 NGO，希望能透過一些專案計畫的執行，建立當地人對於回收的觀念，希望透過當地的店家慢慢地影響到訪的遊客，於是轉眼間，他就這樣在那住上了幾年的時間。

保留執著

在這功利掛帥的年代，我想大多數的人聽到此多半會有兩種反應，一種是以利益的刻度貶低這樣的情操，另一種是投以一次性的尊敬與佩服，然後在隔天起床後，隨著當晚做的夢一併忘去。對於這樣的執著，對於這樣的選擇，對於把公共利益放在個人利益之前，多半的我們不敢想像也無法想像，因為在這樣的年代裡，沒有功名與利益，是一件很不帥的事，因為在現實生活的壓力下，我們已經忘記善良的模樣。

在國外或在臺灣，有時會遇到那些常駐紮在當地的人，他們選擇至此改變他們想要改變的，有些甚至從一些八竿子打不著的地方跑來，只為了發揮影響力得到實質且永續的改變。他們通常善良低調，不管一開始多麼的不被看好，時間總是會給出答案，就算得到證明，他們也持續的在做，直到心中的願景實現。我們或許沒有他們的堅持，也或許還沒遇到我們想改變的事情，但我們可以保留他們百分之一的執著，用在生活，用在尋找我們想要改變的事情。

那天晚上，Chirag 跟我聊了很多，關於他從美國回印度後的不適應，關於讓他無法忍受的印度人習慣，關於他的未來規劃，不管他從美國回來後看到滿地的垃圾有多麼不舒服，關於印度人的不準時他有多麼的嗤之以鼻，當我隨口問道你愛你的國家嗎？他還是不假思索的肯定。「你愛你的國家嗎？」看似是一個愚蠢至極的問題，但卻能讓人重新回收關於自己的國家，或者該說家的想像，愚蠢卻實際。

在未來的某天，Chirag 希望自己最後能功成身退的離開當地，讓環保意識徹底落實。我看著當晚的星空，告訴未來的自己，不用做大的事，但要做對的事，隨波逐流是種流行也是種盲目，功利掛帥的年代，Chirag 以環保掛帥，看似格格不入，但正是因為這樣的不入，才讓世界上的某個角落，開始學會垃圾回收，開始尊重環境，開始擁有更美麗的土地。

當晚的星空

隔天早上 Sharan 因為輕微的高山肺水腫被送到了醫院，吸了些純氧的氣瓶後，逐漸好轉，我與 Chirag 道別後，就繼續上路。能在這樣一個與印度截然不同的地方遇到這樣一個與印度格格不入的印度人，是一種衝突，而這種衝突正是某部分的印度，需要有的，我看著當晚的星空，在心裡想著。

關於印度，Chirag 寫下這段話

試著回想過去的一切，從出生到現在，你所愛過、恨過、渴望過、放棄過的人事物，你多少會有些改變，有大有小，你在孩童、青年時期所相信的事物，現在可能不再相信，這就是在印度生活和旅行的樣子，所有事情無時無刻都在改變，有時會覺得改變是件沒在改變的事，印度讓我感覺它在現實中卡住，在現在這個當下卡住，但別因為這樣就被騙了，這才是它有趣的地方。

篇四

百夜之後

最後一位受訪者

印度是一塊複雜的大陸，地形複雜、語言複雜、交通複雜、食物複雜，在這的每一天心情都很複雜，可以在一天內擁有喜怒哀樂，並在允許重複的排列組合後繼續上演；也可以整天心情都很好，如果都待在設備完好的飯店，足不出戶的話。但來過印度的人，大多屬於前者，能夠評論的，也只有前者。

你可能在前一秒才意識到剛剛交出去的車資不太合理，然後在下一腳就踩上濕軟的牛屎；也可能受到陌生人的幫助上了正確的火車，然後在下車時讓不同的陌生人，替你擋掉蜂擁而上的掮客，也可能在前一刻認為背對你的嘟嘟車司機是好人一枚，不斷的跟你介紹當地有哪裡好去，哪裡要注意，然後抵達目的地時反悔當初談好的車資。這些事情都會遇上，這些矛盾很常上演，不過就是善與惡的重疊，心情好與壞的交叉，只是當它們密集的出現，密集的交錯，就會帶給你前所未有的感受與體驗。

雜亂交通是印度的日常

前所未有的印度體驗

人善、人惡與人懶通常是初到印度的旅人，最先感受的風景，這類風景通常影響著從印度回國後的旅人，在「使用者經驗上」的評價，也影響著每個人的印度觀點。善、惡、懶存在的形式有很多種，大多不會立刻危及生命安全，也不會讓人立即相信人性本善，但會因為與原生環境的熟悉差異，而被過度放大或縮小，延伸出來的影響更無法量化，可能會讓人寫出唯美的驚嘆，也可能讓人說出不堪的辱罵；可能會讓人一去再去，也可能會讓人連轉機停留的機會都不願給予。這是印度最可愛也最可恨的結果，考驗著人們能否同時讓兩者所產生的情緒並存在生活中，算是種磨練當然也可以看成受苦，從不同角度看去罷了，世界上很多事是沒有絕對的，印度是這樣告訴我的。

感受完「人文」風景，再來就是實體風景，這裡又分成兩類，當地日常中的風景，還有自然美景，前者總是能吸引到所有的鎂光燈焦點，後者只能顏面盡失的繼續佇立著，前者通常是僅次於「人文風景」影響「使用者評價」的第二主因，隨地的牛糞與垃圾、不曾排隊的人群、異常乾熱的氣候、逢雨必淹的排水系統、雜亂的交通等，同樣的我們還是會帶著在原生環境的一切衡量標準，去評斷上述的一切，然後做出一廂情願的結論，證明自己去過印度。

Pushkar 美景

列城山景

重新認識

最後一位受訪者─我自己

在我目前人生中的二十三個夏天裡，我將其中兩個獻給印度，而這兩個夏天算是目前思維與感官趨近完整的時期。當「家」這個詞不侷限在生理成長的環境，當「家人」不侷限在留著醫學認定的相同血緣，印度就某種層面來說，是像家一樣的存在。我在那遇上了好多好事，也發生了好多的鳥事，沒有結拜兄弟，卻結交像兄弟般的友情，很幸運的沒遇到任何危急生命的意外，大多的鳥事也只是心態調整前後的差別，旅行上遇到的好人總是比壞人多太多，印度也是、越南也是、香港也是、菲律賓也是。

我知道不論自己如何想要寫下關於印度的際遇，還是無法完整的傳達印度的所有，所以我選擇讓這篇文章留到最後，讓你看完前述所有的紀錄或故事，再翻開這最後的章節，把它當成與前面一樣的紀錄，不用放大檢視，也不用視為所有。希望看完每篇小故事後，不管有沒有前往印度的打算，都能將印度在你心中的想法歸零，把一張沒有筆漬的白紙，留給印度，重新想像。我並非刻意包裝印度，只是希望用我人生中的兩個夏天，換取你對印度的一次重新認識。

印度印象

國家圖書館出版品預行編目資料

百夜印度，百頁靈魂一最真實的獨白 / Darren 作.
-- 初版. -- 臺北市 : 華成圖書, 2019.02
面 ; 公分. --（讀旅家系列 ; R0105)
ISBN 978-986-192-341-3(平裝)

1. 遊記 2. 印度

737.19 107022546

讀旅家系列 R0105

百夜印度 百頁靈魂 最真實的獨白

作　　者／Darren

出版發行／華杏出版機構
華成圖書出版股份有限公司
www.far-reaching.com.tw
11493台北市內湖區洲子街72號5樓（愛丁堡科技中心）
戶　　名　華成圖書出版股份有限公司
郵政劃撥　19590886
e-mail　huacheng@email.farseeing.com.tw
電　　話　02-27975050
傳　　真　02-87972007
華杏網址　www.farseeing.com.tw
e-mail　adm@email.farseeing.com.tw
華成創辦人　郭麗群
發 行 人　蕭聿雯
總 經 理　蕭紹宏

主　　編　王國華
責任編輯　楊心怡
美術設計　陳秋霞
印務主任　何麗英
法律顧問　蕭雄淋

定　　價／以封底定價為準
出版印刷／2019年2月初版1刷

總 經 銷／知己圖書股份有限公司
台中市工業區30路1號　電話 04-23595819　傳真 04-23597123

讀者線上回函
您的寶貴意見
華成好書養分